聖母文庫

聖マルガリタ・マリア自叙伝

鳥舞　峻＝訳

聖母の騎士社

聖マルガリタ・マリア自叙伝

鳥舞峻 訳

SAINTE
MARGUERITE-MARIE
Sa vie par elle-même

Imprimatur :
Paray-le-Monial, le 30 septembre 1978
Maurice Gaidon, Bishop in Cahors (France)

本書のご紹介

聖心の信心で有名な聖マルガリタ・マリア・アラコクの名はよく知られておりますが、以前、私にとっては、聖女の人格像があまりはっきりとしたものではありませんでした。この告白の書は、彼女の嫌がる気持ちを従順の名のもとに書かされたもので、それだけに、真に心に迫る生々しさを感じさせます。

聖女の人間的な自我と本当に厳しく迫ってこられる神のご意志とのぶつかり合い、そしてその結果、神の溢れる慈愛を受ける有様が、素晴らしく描かれています。

時には、中世的な霊的習性に異様な姿を見られるかも知れませんが、それらは、読者によって現代的な視野で客観的に見直す必要があるでしょう。

また、霊的指導の重要性ということも、ここでよく認識できます。福音書で、主が教えられていますが、盲人の指導者によって、人は穴に落ち込むことになるからです。聖女にとって神がこのためにお遣わしになられたのは、五年前の一九九二年に列聖されたド・ラ・コロンビエール神父でした。この神父は、英国に転任される迄の僅かな期間でしたが、指導者たちの誤りで、苦しみのどん底に陥っていた彼女に、正しい道を教え、導きます。それによって、彼女は、聖人の道を真っ直ぐ登って行くことができました。

今、神父の遺体は、パレ・ル・モニアルの聖マルガリタの修道院から少し離れた小さなチャペルで、平和のうちに主の再臨を待っておられます。

（訳者）

フランス、カオルの司教の序文

教会は、暴力と争いの世界の再融和を望み、その上科学の世界に心を開きながらも、告げ知らせるのをやめることのない神の「神秘」によって、生きなければならないことを忘れかけているのではなかろうか？　その御名が甘美である神の神秘を、告げ知らせることを忘れかけてはいないだろうか？　なぜならば、もし教会が人々に話しかけるなら、それは、「見ることができない神の肖像《イコン》」といわれる神の御姿から、はかり知れない富を覆《おお》うヴェールを取りはずし、「人間のすべての認識を超える」霊的認識に近づかせることである。そして、教会が、洗礼を受ける者たちをキリストにまで導くときには、「柔和で、謙遜なみ心の」ナザレトのイエス以外の先生を示すことはない。

温和、謙遜《けんそん》、優しさ。これは、響きとしては、冴《さ》えない言葉である。それは、ある種の敬虔《けいけん》さによって価値を失っている傷ついた言葉である。しかし、これらの言葉が、偉大なる証《あかし》のときに生命とかたちを取り戻し、注目されるようになることがある。今の時代に、アシジのフランシスコやロシヤ人サロフのセラフィムを慕《した》う魅力は、どこからくるのだろうか。かれらは、福音の力強く、また、思い遣《や》りのあるメッセージを告げ知らせることができ、しかも、かれらは、この福音を、神の愛に触《ふ》れられた心の言葉を使って、告げ知らせたのである。それは、また、詩で織《お》られた言葉でもあった。そして、この詩こそ、つねに聖性の味わいをもって、すぐれた働きをするのである。

神のみ心に入る

パレに巡礼する人々は、マルガリタ・マリアが予言者のようであること、また、教会が心を失い、雅歌《がか》の最愛の許婚《いいなずけ》であることを忘れたとき、神は教会を目覚めさせるのだと強調する。そして、人々は福音的呼びかけそのままに、最高の啓示「神は愛である」ことをこの修道院で瞑想するため、キリストのみ心に入った一人のキリスト教徒、十七世紀の観想修道女が書いたメッセージを発見する。

その記述の中で、聖ヨハネの祝日（一六七三年一二月二七日）に、彼女は、神の子らに対する神の優しさが、「人々への愛に夢中になられた神のみ心」を意味することを経験するとしても、驚くことではない。さらに、彼女は、アシジのフランシスコの指導方針に従って、「最愛の弟子」の修練をしたことも、驚くには当たらない。彼女は、わき腹の傷を通って、主に近づいた人々と一緒に安息しているが、誤魔化《ごまか》しのない愛の印《しるし》であるこのわき腹の傷の意味に、充分拘わることなく、何人も福音的信仰に達することはないことも、よく知られたことである。

今は使われなくなった単語や、真似《まね》のできない神秘的経験、またマルガリタの強固な精神を皮肉《ひにく》るもととなる気違いじみた行為さえも、どれほど私たちにとっては重要だろうか。十八世紀のジャンセニズムの精神は、この分野でも、今の時代の疑い深い人たちと結合している。しかし、アシジのかの貧しき人とそのハンセン病者への接ぷんは、この修道女が傷やはれ物を抱きながら世話を続けたことよりも、気違いじみてはいないというのだろうか。さらに、この二人の気違いじみた人は、神がその被造物の足をお洗いになり、人々の前に、二人の犯罪人の間で十字架にかけられたと同じように、狂気であろうか。

この自叙伝を、福音的眼鏡をかけてよく調べてほしいことが、ここにある。この明かにされる証《あかし》が、「賢人のための狂気」のメッセージとして真剣に受け止める以外にはないことは明らかである。そして、この証は、その栄光ある唯一の名が、十字架の恥辱に結ばれているイエスという人物の告知であることをやめない。

ゲッセマニの傍《かたわ》らの園のなかで見捨てられ、断末魔に苦しむイエスは、「この世におられたとき、自分を死から救うことのできる方に、大きな叫び声と涙とをもって、祈りと願いをささげ」（ヘブライ5・7）られた。この愛であるお方を心から愛する人たちは、誤ることはない。彼らは、常に神から見放されたこの時を含めて、忠実に留《とど》まることを選んだ。そして、それは、マルガリタ・マリアが、その場所とその召出《めしだし》を見つけることでもある。彼女は、タボル山の栄光を逃れて、この苦しみの場所に留まり、「イエスの断末魔のお苦しみ」を自分の命に刻《きざ》みつけるため、また永遠であるお方のみ姿を模倣するため、テントを立てるであろう。それは、「キリストのみ心の宝の遺産」である。

この使命を、彼女は、堅苦しく純粋なキリスト教の、一つの神秘的な世紀に生まれた娘たちの中に生かすだろう。彼女は、苦しみの絶えることのない家庭の中で、福音の実習をするであろう。こういうことは、近代の心理学者たちが科学的に調べ上げることで、不安を感じさせる要因、要するに、時々ビジョンをみる人、マルガリタ・マリアに、疑いを抱くべきことはないと結論させる。

私たちは、この告白を読み、また繰り返して読む。それは、一人のキリスト信者の心を燃え上がらせ、このようにして聖性への冒険をはじめさせることになる。自分の一生をかけた熱意によって、途方もない愛に応えようとするパレの聖母訪問会修道女の行く先は、このようである。そして、このことで、彼女は、真に、イエス・キリストの第一級の証をするシスターである。

福音に従った聖女、マルガリタ・マリア

彼女は、自分が罪人《つみびと》であり、相応《ふさわ》しくない者と宣言したが、しかし罪人なるがゆえに憐れみを懇願しながら、イエスに近づいたすべての人たちが生きたような基本的な経験を、彼女はしなかったのだろうか？　さらに、マルガリタ・マリアは、メモの一つの中に、神のユニークな聖性と罪の汚《けが》れの重大さが、聖書全体の

主要なテーマの一つであるというように説明する。

「……一被造物として、これらのことを表現することは困難であると告白いたします。それは、この義の聖性と同じほどの苦しみを感じたことは決してありませんが、聖性は、霊魂の中に、かほどの恐るべき仕方で刻印されますので、考え得るあらゆる罰を受けたいと望むほどです……むしろ、ただ一つの罪だけをもって神の聖性の前に現れたいほどです……このような状態で、もし神が私を恵まれたとしても、私がもっと厳しく感ずるものは、私の至高の主が目の前におられることです。神は、潔白であるとの印象を与えられるので、自分がこれほど忌まわしい状態にあるのを見るなら、それを耐えることが不可能なほどです。霊魂は、できれば逃げて隠れたいのですが、できないのです。この愛にみちておられる神は、このことをご覧になって喜ばれ、霊魂に逃げ道をどこにでも見つかるようにされます。それは、霊魂が神に気に入られないような行いをして、何事であれ、愛するお方を見なくなるようなことを望む訳ではありませんが。霊魂は、自分の低劣さを見て、千回も死にたくなるのです。霊魂は、しばしばペトロのように言います。『主よ、私から遠ざかってくださいますよう。私は、罪人ですから……』」

（メール・デ・ソメーズの命令によるメモ　n.25）

しかし、神のみ前で、罪人たちが自己の低劣さを告白することは、自分の中で絶望的な想《おも》いを繰り返し反芻《はんすう》することではない。福音書の中では、心の病は、神の憐《あわ》れみを受け入れ、治癒を見出す。ペトロは自分の裏切りを、三度の愛の告白によって償った。マルガリタ・マリアが彼女のやり方でこれを表現していることを神は理解された。

「……私たちの主の聖なるみ心の偉大な慈愛の中で、主のお苦しみを熟視すること」

（一人の修練女への特別な意見）

マルガリタ・マリアが、ほとんど楽しみと同じように苦しみを求めるということは、疑惑が持たれる視点であるが、パウロは、ダマスコの街道で投げ出されたとき、使徒になるために、「イエスの御名のために苦しむ」（使徒9・16）べきことを教えられる。そして、もし次のガラテヤ人への宣言のように、現代感覚にとっては躓《つまず》きともなるべき記事の書簡、たとえば、「私にとって、私たちの主イエス・キリストの十字架の外に光栄はない。この十字架によって、世間は、私にとっては十字架に付けられたものである。それは、私が、世間にとって十字架に付けられたものであるように」という文を見るならば、私たちは、この聖女の次のような記事を見ても、あまり驚かない。

「……救いのことですが、すべてを行い、すべてを苦しみ、すべてを犠牲として捧《ささ》げ、そして、すべてを放棄しなければなりません」

（一六九〇年、上の弟に宛《あ》てた手紙）

神は愛なるゆえに、心でもある。この神に至るまで、人々を救い、引き上げること。福音的な手段によって兄弟たちを救うことは、高い価値があると知っている全時代の使徒たちが、教えを説き、行なったことがここにある。宣教師たちは、苦難、無理解を不足とは思わない。イエス、しかも、十字架に付けられたイエスを知ること、これは、パウロの表現である。そして、どのように彼女は、自らに当てはめ、これを書き移しているかが、ここに見られる。

「永遠の御父は、私に、非常に大きな、いちめんに刺《とげ》の突っ立った十字架や、その他のご受難の道具をすべて提供されながら、次のようにいわれたように思われました。

「さあ、私の娘よ、あなたに、私の最愛の御子に与えたものと同じ贈物をしよう」

しかし、福音書のメッセージを完全に伝達する苦しみが、明るみに姿を現す。それは、一つの愛の衝撃的発見の存在、理由になるからである。この発見は、喜びの音信と同じく、啓示されなければならないものである。

「神は、私たちをこれほど愛された」

聖ヨハネのこの叫びは、かれの福音書と書簡を特徴づけ、神であるイエス・キリストを経験して陶然となった人々の命の中に受け継がれることをやめない。そして、ヨハネは、自ら語るところを知る。最後の晩餐《ばんさん》のとき、主の胸のところにいて、すべてを理解したのである。

「イエスが愛しておられた弟子」は、私たちを、「最愛の弟子」マルガリタ・マリアに導く。そして、二人は、私たちを、主のみ心にまで案内する。それは、私たちが、ともに「貫かれたもの」を熟視することである。

ペトロとパウロとヨハネ。それぞれ、自分なりの気質とその経歴をもって、私たちに、生涯を動転させるような一連の出会いを、ともに分かち合わせる。両人は、私たちに、自分の経験を過《よ》ぎって、ユニークな福音を告げる。そして、ここに、神の御顔の光は、私たちにまで到達し、その御顔の光りで、世界が照らされることになる。

マルガリタ・マリアは、「燃える炎」であるこの光をみた。彼女は、そこに燃やされ、そして、彼女が内的に焼き尽くされてしまった炎が、燃え移らないよう止めることはしなかった。そして、彼女のイエスに対する情熱は、彼女の糧《かて》となったが、主は、ご自分の使命について、つぎのように語られた。

「私は、地上に火を運んできた。そして、すでにそれが燃えていることを、どれほど、望んでいることか」

私たちの時代のための物語

新しくされた世界のビジョン。なぜマルガリタ・マリアの視線を通して、三位一体の神秘へのアプローチをしないのか。彼女は、ある日、オリエントのイコン画像の前で、すばらしいビジョンのなかに、永遠に若い神の美しさを観想している。

「……私の霊魂は、想像できないほどの平和と喜びに住んでおります。なぜなら、そこで、神のそれぞれのペルソナがなされた印象は、決して消え去りませんでした。三位は、私に白い衣服を纏《まと》った、光り輝く、同じ歳の、偉大であり、美しい三人の若者の姿で表現されていました」

今日、多くの者が、生ける神の証《あかし》に出会うことを希望している。マルガリタ・

マリアは、特権的な証人の一人である。なぜ彼女に質問しないのか。たしかに、並外れた霊的経験の果実の皮を破るには、勇気が必要であろう。そして、すべてのキリスト教徒の旅路になくてはならない道として、これが提供されるようなものでもない。しかし、人は驚きを、そして第一印象を通り過ぎるだろうけれど、同様に、人は、マルガリタ・マリアが第二ヴァチカン公会議の時代ではない世紀に、生きた一人の修道女であったことを受け入れるとき、問題の彼方《かなた》に、ユニークな、そして、水の湧《わ》き出《で》る泉に導く物語の福音的救いを発見するであろう。それは、キリストのみ心が、世の終わりまで、そこから「水と血」が流れ出る物語であるということなのである。

マルガリタ・マリアの跡をたどり、パレにくるとき、あなたたちは、何も持たず徒手では、巡礼しないだろう。神の優しさは、あなたがたの生命に印をお付けになるが、それは、あなたがたが、その印を他の人々にも浸透させるためである。

カオル司教　モーリス・ゲドン

（都合で、一部省略）

聖マルガリタ・マリアの生涯の年代略歴

【聖女の名前の発音は、フランス語発音によらず、現在までの習慣に従ってラテン語読みを使用】

○誕生――一六四七年七月二二日
○洗礼――一六四七年七月二五日
○貞潔の誓願――一六五一年頃
○初めて、パレの訪問会を訪れる。面会室で内的な声「ここは、わたしがあなたのために望む場所である」を聴く。――一六七一年六月二日
○志願者（postulante）として修道院に入る。――一六七一年六月二〇日
○着衣――一六七一年八月二五日（メール・エルサン院長）
○メール・マリー・フランソワ・ド・ソーメーズ（ディジョン修道院）パレの院長選出――一六七二年六月二日

○聖マルガリタ・マリア立誓願――一六七二年十一月六日
○立誓後六ケ月目、自分に起こった事柄をロラン神父の命により記述しはじめる。
――一六七三年四月か五月
○キリストのみ心の「愛の驚異」の最初の大啓示――一六七三年十二月二十七日
主は、マルガリタ・マリアに「聖なる御心をすぐれて愛した弟子」という名を与えられる。
○第二回大啓示――一六七四年の初金曜日（これ以上正確にはわからない）「イエス・キリストは」、「太陽のように輝く、五つの傷痕《しょうこん》をもって、全く栄光に光り輝きながら」マルガリタ・マリアにお現れになった。
○一六七五年に六月における最終の大啓示「これは、人々をこれほど愛したみ心である」
○聖クロード・ド・ラ・コロンビエール神父は、英国に渡るためパレを去る。
――一六七六年九月
○アンネシー修道院のメール・ペロンヌ・ロサリー・グレフィエは、パレの院長に選出さる。――一六七八年五月

○一六八四年五月、パレ修道院のメール・マリー・クリスチーヌ・メランは、院長に選出される。マルガリタ・マリア、院長補佐に選出される。

○マルガリタ・マリア、修練長に任命される。——一六八五年一月一日

○修練院において、聖なるみ心に対し、初めての崇敬がおこなわれる。——一六八五年七月二〇日

共同体の非難

○エスキュール姉妹会のシスターの勧めによって、イエスの聖なるみ心に対して、共同体の始めての崇敬。——一六八六年六月二一日

○マルガリタ・マリア、修練長の役を離れる。一六八七年一月一日

○再度院長補佐に選出される。——一六八七年五月

○聖マルガリタ・マリアの死去。——一六九〇年十月十七日

重要な注意事項

マルガリタ・マリアによって書かれたノートが、その生涯の秘密の幾分かを、われわれに見せてくれるものであっても、その全貌《ぜんぼう》を完全に知らせることを許してはいない。

このことで誤解のないよう希望する。それは、彼女が自分の聴罪師にあて、自己を軽視し、卑しめられることを切望して書いているからである。ある表現や自己放棄によるある行為は、単純に飾《かざ》らずに告白されていて、われわれを驚かせる虞《おそれ》がある——更に、眉《まゆ》を顰《ひそ》めさせる虞《おそれ》もある。内密の個人的所作は、神ご自身が明らかにされる、惜しむことのない愛の迸《ほとばし》りにおいて、マルガリタ・マリアが受け入れたものではあるが、望んだものではない——それらが、われわれを抑止するようなことになってはならない。本質的に大事なものが、そこにあるのではない。キリストのみ心の限りない優しさにいつまでも留《とど》まろう。み心は、われわれ一人一人に繰り返して言われる……。

マルガリタ・マリアは、十七世紀の数多くの神秘家の一人であるが、神秘家たちが、理解されないものであるという状況は今も続いている。この状況は、すでに彼らが生きていた時からそうであったし、また、今の時代の心理分析家たちも、その十七世紀の先輩たちのように、患者としての神秘家を観察することになってしまっている。同時代の人々の、信仰にふさわしい人々の、そして、神秘家自身の証言を廃棄しようというのだろうか。

パレの聖女のために、われわれはこの実際的な証《あかし》を得ており、また、前に掲げた年代表は、われわれに、彼女の人柄についての、かなり詳しい認識を与えるものである。

始めには、彼女に対しても、本能的な不信感である。けれども、彼女を受け入れる院長メール・エルサンは、同僚たちが、早速、「特選娘」という風に書いていることを認めている。

修練長メール・ド・ソーメーズは、後になって、この修練女の信頼を得るのであるが、証拠を要求する。そして、その証拠は、修練長に与えられる。またある密《ひそ》かな不安な空気が、漂《ただよ》っている時、ド・ラ・コロンビエール神父が、躊躇《ちゅうちょ》することなく、それを散らしてしまう。

修道院の共同体に始めて引き合わされるとき、面会室で、何も全く知らない神父は、一人のシスターに気がつき、後で、院長のところを訊《たず》ねる。彼はいう、「この人は、恵まれた魂の人です」。彼は、このことをいつまでも信じ、彼こそは、一六七五年六月の大啓示の秘密を打ち明けることのできる人であった。そして、メール・ド・ソーメーズが、パレを去るであろう時、彼女は、マルガリタ・マリアとの間で、重要な連絡を保ち、イエスのお望みを知らせることで、マルガリタ・マリアを助けることになるであろう。それで、特別な崇拝によって栄誉あるイエスのみ心を見ることもできた。

メール・グレフィエ、彼女は、アンネシー修道院を含めて、将来多くの修道院で院長になるであろうが、強く、男性的な心の人だった。この熱心な娘マルガリタの志望に応《こた》えて、彼女は、厳しく取り扱うが、また、問題のあるときは、十分な愛情を持って助けを与える。彼女が求める保証は、マルガリタ・マリアに、主によってもまた与えられる。

聖女の死後の次のような証言がある。「マルガリタ・マリアは、もちろん、判断力のある賢明な人で、その上、よい精神、ユーモア、極めて思い遣《や》りのある心を持った人でした。一言で申しますなら、彼女が知られないでいること、隠れていること……を望んで、主がお聴き入れにならなかったとしても、すべてにおいて成功するために、よりよき条件が整えられることが、神さまには大切であったと言うことができましょう」

メール・メランは、マルガリタ・マリアを補佐役に選び、マルガリタ・マリアは、この役に選挙される。修練女たちは、彼女を修練長として強く望んだので、メール・メランは、彼女らに同意する。その上、彼女の教えの賢明さは、現在に至るまで賞賛が続いている。

再び院長補佐に選ばれてから、彼女は、この仕事を死ぬまで果たすことになる。その時は、彼女は、全シスターの賞賛に取り囲まれていた。彼女たちは、マルガリタ・マリアの行った色々な思い出を寄せ集めるのに熱中する。

彼女の死のニュースに、パレの市では、「セント・マリーの聖女が死なれた」とアナウンスが繰り返される。その後、一九二〇年五月一三日。それは、列聖の栄光のときである。

手書き原稿についてのノート

自叙伝。往時は、メモワールといわれたものであるが、これは、繊細に、規則正しく書かれた三二枚の粗末なノートだけである。

イエズス会の霊的指導者の一人、フランソワ・イニャース・ロラン神父の二回目のパレ滞在のとき、聖女によって作成されたもので、その離任後、未完成のまま残されている。

マルガリタ・マリアに、従順によってその生涯を記録するように命令するとき、神父は、それを自分が査読しない内は、決して燃やしてはならないと厳命していた。おそらく、彼は、前述の前任者らによって受けたノートの状況を知らなかった。従順でいっぱいのページや、また訪問会の手のなかで忘れられていたページなどは、彼女の隠れた生活への愛によって、すでに燃やされてしまっていた。彼女の生きている間と死後において、すべてが、人に知られず忘却されることは、確かにすべて、彼女の望みであった。

こういうことは、その霊魂に対する神のお望みではなかった。キリストは、「その燃える炎」を彼女によって広めることを望まれた。主が、彼女を選ばれたのは、「キリストの愛の素晴らしさ」、「キリストの聖心《みこころ》の、言葉で説明できない秘密」を、もっとよく、人々に知らせるためであった。それは、教会内での彼女の固有の使命である。

ロラン神父が、査読することのなかった全く未完の小さなノートは、マルガリタ・マリアが火に投げ入れることもできなかったが、それで彼女は、それをキャビネットの中に隠し、その鍵《かぎ》を離さなかった。彼女の死去の前に、この手記の記憶が彼女を恐れさせ、彼女は、シスター・ペロンヌ・ロサリーにそれを早く燃やしに行くよう願った。しかし、彼女の昔の教え子の修練女は、彼女が持っている鍵を院長に返すように、そして自分の意志を神に捧《ささ》げるように勧めた。彼女は、そのことに寛容さをもって同意した。

このメモは、どんな推敲《すいこう》もせず、読み直しもせず、時間的順序も十分考えず、思考の糸を辿って、デリケートな点にいつも途切れ途切れになり、非常な困惑を感じながら、書かれたものである。そこには、どんな犠牲を払っても従順でありたい、真実でありたい、決して隣人愛を傷つけることに同意しないと願う一人の魂を発見する。

綴《つづり》や単語は忘れられていた。それらの手落ちが、注目されると、すぐ、別のことが生じた。少し行下がり、少ししかない丸《ポイント》、ただわずかの点《カンマ》しかないこと。文の区切りは、ほとんどない。昔の初版に対して、そのころ通用していた作文法は、今日の読者には、もはや満足できない。それ故、長すぎる文や悪い構成を、可能な限り分りやすくするため、形を替えて時勢に叶《かな》ったものとして表した。

この新しい版のサブタイトルは、以前の版の見出しを、そのまま置き換えたものである。

† イエス　万歳

1　従順によって書くこと

ああ、私の神よ、私が従順によって自分のことを書きますのは、ただひとえに、あなたへの愛のためにほかなりません。また、これを書くことに抵抗いたしましたことのお赦《ゆる》しを、あなたにおねがいいたします。けれども、これを書くことに、どれほど大きな嫌悪《けんお》を感じるかをご存じなのは、あなたお一人であり、また、この嫌悪を克服《こくふく》する力を、私にお与え下さることのおできになるお方も、あなた、お一人でいらっしゃいます。あなたは、このたびの従順を、あなたご自身のご命令による従順のように、お授けになりましたが、これによって、私が自然に従うようになっておりました喜びと、警戒心に、罰をあたえたいと望まれました。その喜びと警戒心とは、私が一被造物として目立たず埋《うず》もれ、永遠に忘れ去られることをいつも考えていたことにありました。

そこで、この自分の告白書のことで、私を助けることがおできになると考えました方々が、助けてくださるという約束を得《え》て後、また以前、従順によって書きましたもの、つまり、私がいわれるままに書きましたものを焼却してしまってから、この新たな別の公式命令が、私に与えられました。

私の至高の善なるお方よ、私が、あなたの大いなる栄光のため以外には、何も書きませんように。また、自分のより大きな恥じらい事しか書きませんように。＊

＊訳註　自分の良心を霊的生活の指導者に告白する場合に、従順によって、第三者に知られる可能性のある記述を求められたようである。（略歴参照）

2　罪の嫌悪、貞潔の誓願

ああ、私の唯一の愛であられるお方よ、私が、まだ弱い子供の時から守られてきましたことについては、どれほど、あなたのご恩になっておりますでしょうか。あなたは、私の心の主《しゅ》であり、持ち主でいらっしゃいます。あなたは、ご自分に向けられた私の反抗をよくご存じでいらっしゃいましたのに。

私が、自己を知ることができるようになった時、すぐあなたは、罪の醜さを見せて下さいました。それは、最も小さな汚点であっても、耐え難い苦痛となるほど恐ろしいものとして、私の心に印《しる》されました。それで、私の子供のときの活発さを止《や》めさせるためには、私に対して、ただそれは神様を侮辱しますよといえば十分でした。この神様の侮辱になることは、簡単に私を止めさせ、しようとしたことを引っ込ませませました。

そしてそれが何であるかを知らずして、私は、

「ああ、私の神よ、私は、あなたに私の純潔をささげ、また、永遠の貞潔の誓いをいたします」

という言葉を唱《とな》えることを促《うなが》すのを絶えず感じました。

また、以前は、それをミサ聖祭の二つの奉挙《ほうきょ》の間に唱《とな》えていました。この聖なるミサには、普通、少し寒いですけれども(1)、むき出しの膝《ひざ》で与《あずか》りました。私は、自分がしたこと、つまり、誓いのこの言葉がいおうとしたことも、貞潔の誓いのいおうとしていることも、全く理解していませんでした。私の自然の傾き

は、何かの茂みのようなものの中に隠れることだけでした。そして男の人々に見つかるのを恐れること以外には、何の慎《つつし》みも致しませんでした。

＊1註　伝統によると、この誓願は、コルシュバル城の小聖堂で行われた。ここに、ド・フォトリエール夫人は、自分の洗礼の代子を度々招いていた。アラコク家は、城から五キロ以上離れていた。

3　聖なる乙女のご保護

至聖なる乙女は、私が日々の必要を訴える時、非常に良くお計らい下さり、また、大きな災難を避けさせて下さいました。私は、彼女の御子である神の御子の前に、自分で罷《まか》り出るということを敢《あ》えてしませんでしたが、聖母に対し、素足のまま両膝《ひざ》で、または、片膝《いざ》でひざまづいて地に接吻《せっぷん》しながら、ただ、「アヴェ・マリア」の祈りを唱《とな》えて、小さなロザリオの冠を捧《ささ》げたのでした。

4　一六五五年、父の死

私の父は、まだ若いうちに死にました。そして私がただ一人の娘で（2）、母は、五人の子どもの世話をしていましたので、ごく小さな家に住んでおり、そのために、私は、家事手伝いと村の仕事以外、教育を受けることなく八才半まで育てられました。

＊2註　彼女の次の妹ジルベルトは、一六四九年に生まれ、一六五五年に亡くなった。

5　クラリス・ド・シャロル修道院での初聖体

私は、九才のころ、修道院に送られ、そこで初聖体を受けました。そしてこの聖体拝領は、私の小さな喜びや娯楽のすべてに、苦《にが》みを与えるものとなりましたが、それらの喜びを、なお熱心に求め続けたのに、もはやなにも味わうことができませんでした。けれども私が友達といっしょに娯楽などをしたいときでも、いつも自分が、隅《すみ》の方に、引き寄せられ、呼ばれ、私がその方に付いていくまでは、安らぎを与えない何かを感ずるのでした。その後、主は、私を祈りに導かれましたが、だれからも見られていないならば、ほとんどいつでも、ひれ伏して、あるいは、素足の両膝《ひざ》で、あるいは、片膝《ひざ》でひざまずいて祈りに入りました。けれども、そういうことになったとき、これは、私にとっては恐ろしい悩みでした。

私は、修道女たちが、みんな聖人のように見え、もし、私が、修道女であったならば、この方々のようにならなければいけないと考えましたので、私が修道女の行いで見たすべてのことは、それに倣《なら》って行いたいという大望を抱きました。このことは、私が、このためにだけ生きるという大きな願望となりました。とはいえ、このことが、自分のために大変な隠遁《いんとん》であると感じたりはしていませんでしたし、外に何の知識もありませんでしたので、そこに住まなければいけないと考えていたのです。

6　聖なる乙女に治して頂いた長期疾患

私は、約四年の間、ほとんど歩くことのできないような、ひどい病気になってしまいました。骨が皮膚の両側から透き通って見えるようでした。このことは、この修道院に私を二年しか滞留させない理由になり、また、それで、もし至聖なる乙女が、私を治されましたら、いつの日か、彼女の娘たちの一人になりましょうと約束する以外に、私の病気のどんな治療法もありませんでした。私は、至聖なる乙女の、新たなご保護をもって治して頂くよりも、むしろ奉献《ほうけん》の誓いをしませんでした。それは至聖なる乙女が、それほど私の心の女王となっておられましたので、私をご自分のものとしてご覧になり、私をご自身に捧げられたものとして支配され、私の欠点を直され、神のご意志を行わせるよう教育されました。そこで、あるとき、私が、座ってロザリオの祈りを唱《とな》えていますと、彼女は、私の前においでになり、私はまだ子供だったのですが、決して忘れることのなかったほどの叱責《しっせき》を受けました。

「私の娘よ。あなたが、私に仕えることをこれほどいい加減にするとは、驚きです」

この言葉は、私の霊魂に非常に強い印象を与えましたので、生涯、私は忘れえなかったのでした。

7 反動期

このように健康が戻ってきて、もはや病中の約束を果たすことをあまり気にかけずに、自由を享受しつつ喜びを求めることしか考えませんでした。けれども、ああ、私の神よ。私は、その当時、そのことを考えてもいませんでした。そのこととは、あなたの聖心《みこころ》が、カルワリオの丘の上でこれ程のお苦しみの中に、私をお生みになったことです。こうして私にお与え下さった生命が、十字架というおいしい料理の栄養によってしか保たれないものであることを、後になって深く知らされ、経験させられたのでありました。

その事情と経過は、次の通りです。

私は、健康になった途端《とたん》、虚《むな》しいものや、被造物への愛着へと向かいました。母や兄弟たちが、私に示してくれる思い遣《や》りに甘えて、自由に、小さな娯楽を楽しみながら、望みのままによい時を過ごしました。しかしながら、私の神よ、あなたは、私が自分のかくあるべき姿から非常に遠くはなれていることを知らせて下さいました。そのお見せくださった私の姿は、自分が、自然に快楽へむかってしまう傾向に従って作り上げたものですが、私の本来のものからかけ離れているあなたのご計画には沿《そ》っていませんでした。

8　修道院の中の嫌がらせ

母は、私たちだけへの専門以外の仕事に配置替えさせられたため、院内での(3)今までの権威が無くなってしまいました。どうか、私が申し上げることに、これに関係する方々の非難となるようなことが決してありませんように。また、この方々が、私を苦しめるような悪事を企てたと考えられるようなことが、ありませんように。私の神は、このような考えを許されませんでしたが、ただそれを、聖なるご意志を実現させるための手段とは、見なされました。

それで私たちは、修道院内でそれ以上何もできませんでしたし、また許可なしには、何も敢えてしようとはしませんでした。それは絶えざる対立抗争のようであり、すべてが鍵《かぎ》で閉じられました。しばしば、私は、ミサに行くのに、着るものも探しに行けませんでしたし、帽子や衣服を借りなければならないほどでした。それは、私が捕らわれの身にあると感じ始めたころでしたが、この状況では、特別な三人の方の同意なしに(4)、私は、何事もしませんでしたし、また外出することもなかったほど、深くはまり込んでおりました。

このことで、私のすべての感情が、祭壇の至聖なる秘跡の中に、自分の喜びと慰めを求めることに替わっただけでした。けれども教会に属するこの小さな村のようなところに住みながら、私は、この方々みんなの同意があるときにだけ、教会に行くことができました。けれども、一人が同意しても、外の人が承諾しないこともありました。そしてしばしば、このことに涙して、悩みをあらわしますと、男の子たちとデートの約束をしているからですと非難され、ミサや聖体降福式に行くという口実で、愛撫《あいぶ》されたり、キスを受けたりしに行ってはいけないからと(5)、前よりもっと許可決定に鋭敏になりました。私は、こういうすべての事について非常に大きな恐れを感じましたが、それは、こう考えられたから怖《おそ》れたというよりは、自分の体が、細々《ちりぢり》に引き裂《さ》かれるのを見るような感じがしたからでした。

その当時私は、こういうことの逃げ道を知っていませんでした。ただ、庭の隅《すみ》とか、家畜小屋とか、その他の秘密の場所とかいう所で、私は、神のみ前に、至聖なる乙女に在《ま》します、よき御母のお取り次ぎによって、涙ながらに心を開くため、膝《ひざ》まずくことができました。そして、そこで日中ずっと飲食せず過ごしましたが、こういうことは、普通のことでした。また、時々村の貧しい人々が、同情して夕方ごろ、ミルクや果物をくれたりしました。

その後住居に戻りますと、あたかも自分が、間もなく断罪の宣告を受けることになっている、哀れな犯罪人であるように思われ、大きな恐怖のあまり震えるのでした。私は、自分のためにパンを乞食《こじき》する方が、こんな風に生きるよりは幸福であると考えていました。なぜなら、私は、たびたび食卓のパンを敢《あ》えてとる勇気がなかったからでした。その理由は、私が修道院にかえってくるや否や、例のミサイル砲列は、私が、家政の世話をせず、また私の霊魂の恩人ともいうべき子供たちの世話もしなかったと、普段よりもっと強烈に非難をやり直すのが常でしたから。そうして、私には、一言も弁解する自由もなく、使用人たちといっしょに働かされることになるのでした。

その後は、昼の間過ごしたのと同じように、自分のもっている十字架の主のみ足の上に涙を落としながら、毎夜を過ごしました。この十字架の主は、私の心の絶対の主でありたいと望まれること、また、私をそのみ苦しみのご生涯に同化させたいというお望みのことを、私には簡単に理解できませんでしたが、それでも、それをお見せになったのでした。このことは、主がご自身、私の霊魂の主に在《まし》ますことであり、私の霊魂に現存されながら、私への愛のために、ご苦難を耐えられたのをお見せになり、主があの残酷なご受難の間耐えられたと同じように、私にも、耐えさせるためでありました。

＊3註　アラコク夫人は、義兄トウサン・ド・ラロシュとの取り決めによって、彼に資産の管理と増殖を任せていた。彼女は、長年にわたって、デ・ラロシュの家族

とアラコクの家族によって、所有地の宿泊条件を引き下げられ、悪化していた。

＊4註　マルガリタが、完全な愛の精神において名前を挙げるのを憚《はばか》った人は、①父方の祖母で、クロード・アラコクの未亡人ジャンヌ・ド・ラロシュ、②父方の伯母でトウサン・ド・ラロシュの妻ブノワ・アラコク、③父方の大伯母シモン・ド・ラロシュの妻で、トウサンの母親ブノワ・ド・ミューランであった。彼女は、その出身村の名より、メール・シャパンディとよばれている。

＊5註　一七世紀においては、これらの言葉は、単なる感情を表したに過ぎない。

9　みよ、人を。苦しみへの愛

その時から、私の霊魂は、自分の苦しみが、一瞬でも止まらないようにと渇望するほど、深く心に根付いて生きていました。というのは、その後、主は、いつもご自分を十字架上のみ姿のもとに、あるいは、「みよ、人を」のみ姿で現存されましたから。この主は、私に、これほど胸が痛くなる想《おも》いと苦しみへの愛を刻みつけられました。それで、苦しみのイエスに一致して、苦しみを感じたいという想いに較《くら》べますと、私の苦痛はどれほどであっても、軽いと思われるほどでした。そして私は、何度も私を打つため振り上げられるこの手が、私の頭の上で厳しさを押《お》し止《とど》められ、それをそのまま振り降ろしてしまわれなかったのを見るのは苦しみでした。私は、絶えず自分の霊魂の真の友であるあの三人の方々に、いろいろな手伝いや世話仕事をするよう急《せ》き立てられていました。それは、私の霊魂が、この方々のため心を尽くすよう、捧《ささ》げられたものなのですから。つまり、この方々のために役立つことを行い、私が話してよいことすべてを話す以上に、大きな喜びはありませんでした。けれども、私が自分に逆らって今書いていること、あるいは、これから書くことのすべてのことは、私がするのではなく、私の意志を占めてしまわれ、また、この方々に対して、どんなうめき声、呟《つぶや》き、恨み言をいうこともお許しにならない至高の主がなさるのです。主は、私が同情され、共感を担われるほど苦しむ姿を人に見せることさえも許さないといわれました。他のだれかが、あの方々には当然の権利があると認め、私に過失の責任のすべてがあると話しているのに、そのようなことを妨げることができないときは、主がそれを望んでおられるといわれました。けれども、私の罪がこの方々と同じ位な重さのものであることも、事実だといわれました。

10　自分の生涯を記録することへの嫌悪
主は、マルガリタ・マリアにその義務を負わせられる

私が、将来を思って、日々これほど手を掛け、注意深く隠していたことを、すべて書かなければいけないと強く迫られて、私は、よき主のご記憶にすべてお任せするために、自分の記憶の中にどんな考えも留《とど》めおかないよう、努力さえもしました。私は、自分の感じております最も大きな嫌悪感のことを、嘆きながら主に訴えましたが、主は私に解《わか》らせるためにいわれました。

「続けなさい、わが娘よ、続けなさい。あなたが全く不快だからといっても、書くことが多くも少なくもなりはしないでしょう。私の望むところは、果たされなくてはなりません」

それでも、私の神よ。どうして、ほとんど二十五年以上も前のことを、覚えているというのでしょう？

「私が、どんなことも決してお忘れになることがない天の御父の永遠の記憶自身であることを知らないのですか？　また、その記憶の中では、過去と未来のことが、すべて現在、存在しているものであることを？　それ故、なにも怖れることなく、私が口述させるとおり書きなさい。私の栄光のため、私の恩恵が必ず注がれると思って書きなさい。

第一に、私は、すべての無益な警戒を脱ぎ捨てて、私自身が演じるのをあなたに見せるため、あなたの記述を望みます。私は、これらの警戒を、あなたの恩恵の洪水を匿すため行わせたのであり、この恩恵によって、私は、あなたのように貧しく、ひ弱なものを豊かにすることに喜びを感ずるのです。それであなたは、たえず恩恵から出る働きを、私に帰すことを忘れてはなりません。

第二のことは、あなたがこれらの恩恵を、専有してはならないことを、判らせるのが目的です。あるいは、他の人々に分け与えるのに、吝嗇《けち》であってはなりません。なぜなら、私は、人々の霊魂のなかに、私の意図に従って、その恩恵を配るための運河として、あなたの心を利用したいからです。これによって多くの人が、破滅の淵《ふち》より、この道を通って引き上げられるでしょう。後で、この有様をあなたに見せましょう。

また第三のことは、私が、偽わることのできない永遠の真理であること――私は約束に忠実です――そして私が、あなたに与えた恩恵だけで、いかなる試みや試練にも、耐えることができるということを見せるためです」

この話の後で、私は非常に勇気づけられ、今迄、この書類を見られないようにと思って、非常に怖《おそ》れていましたのに、今は、至高の主のみ旨を果たすため、私が書くことを続けるのに確固とした態度をとっています。

11　母の病気

私の十字架のうち最も手強《てごわ》いものは、母に関係するもので、和らげることもできないものでした。母は、私より百倍も厳しい十字架を担っていました。けれども、苦しみのことを話題にして、気楽さを感じながら、神を冒瀆《ぼうとく》するかも知れなくなるのを怖れて、私は、母に一言の慰めの言葉もかけませんでしたが、母は大変な病気でした。母を通じて私に与えられた細々とした仕事や世話事をすべて失って、母は非常に苦しみました。どこもが鍵《かぎ》で閉められたとき、なんども、病人に必要な卵やその外の物まで、物乞《もんご》いに行かなければならなかったのです。

このことは、私のもって生まれた怖《こわ》がりの性質にとって、小さな悩みではありませんでした。まだ村人たちの所にいたとき、人々は、望まないことまでしばしば嘴《くちばし》を入れたのです。そして母は、頭が命にかかわる丹毒にかかり、ぞっとするほど腫《は》れ上がり、赤くなり、硬くなっていましたが、人々は、村に滞在する、無名の外科医の瀉《しゃけつ》血手術を受けさせることだけで満足しました。この医師は、私に、奇跡でもない限り、母は、治ることができないといいました。だれかが苦しんでくれることもなく、私以外はだれも心配することもなく、私はといえば、どこに行けばよいのか分からず、だれに訊《たず》ねればよいかも判《わか》らないという有様でした——ただ、いつもの駆け込み所、至聖なる乙女と至高の主のところに参りました(6)。この方々にだけ、いつも抱いている不安を打ち明けることができました——私がこういう事をしているとき、私は人々の嘲笑《ちょうしょう》、悪口雑言《ぞうごん》や非難を受けており、私は、どこに逃れてよいものやら判《わか》りませんでした。

主の割礼の祝日に、私はミサに与《あずか》りに行きました。それは、主に、貧しい母のため、主ご自身、医者であり、癒《いや》しとなって下さるよう、そして主がとても慈愛深くなさるので、私が帰っているときに、しなければいけないことを、教えて下さるようお願いするためでした。その時、私は、頬《ほお》に掌《てのひら》ほどの開いた傷を残していて、耐えられないほどの臭いを発散していることに気づき、また、だれも母には、近寄ろうとはしませんでした。私は、どのように傷口の手当をするべきか、知りませんでした。その時まで、決してそういうものを見たり、あるいは触れたりすることができませんでしたから。神のみ摂理によるのでなければ、他のどのような軟膏《なんこう》を使っても、私ができたすべては、化膿《かのう》した肉を毎日少しずつ取り除くことだけでした。けれども、私は、神の善性に全くの勇気と信頼を感じていましたので、とにかく、この数日の間、主が常にそこに現存しておられるように見え、予想外にも、母は治ったのでした。

　母の病気の間には、滅多《めった》にベットに横になるとか、あるいは眠ったりはしませんでした。ほとんど食物をとらず、また全く食べないで、しばしば日々を過ごしました。けれども神である主は、私に起こったすべてのことにおいて、神を頼りにするようにという至聖なるみ旨に全く従うことで、私は、慰められ、そして強められました。そして次のように申しました。

「ああ、至高の主よ。これは、もしあなたが、そう願っておられませんでしたら、起こらなかったことでしょう。けれども、これによって私は、もっとあなたの方に、お近寄りすることが許されましたので、あなたに感謝をいたしております」

＊6註　手書き原稿の中の続いているこの四つの言葉は、引き裂かれている。ここでは多分オリジナルと同じと思われる同時代の校本によって、補っている。

12　念禱への愛着

この頃から、私は、念禱《ねんとう》＊に強く惹《ひ》かれるのを感じていました。そしてこういうことは、私の大きな悩みのもとでしたが、それは私が、念禱をどのように行うべきかを知ることができなかったからでありました。それに、こういうことを知っている霊的な人々のだれとも、話す機会に恵まれず、それを教わる方法もありませんでしたので。それに、私の心を惹《ひ》きつける念禱という一つの言葉以外には、何も知りませんでした。私は至高の主に、再び私自身のことをお話しました。そして主は、そのときから私の全生涯、主のお望みの方法で今もおこなっていることをするよう教えられました。

主は、私が犯した過失すべての赦《ゆる》しをお願いするために、主のみ前で、私自身が、謙遜に、ひれ伏すようにさせられました。そして主に礼拝をお捧げしてから、私がどのように祈りを実行するのか、知らないまま、主に私の念禱をお捧げしました。

このとき主は、私にご自身を神秘の中で示されました。この神秘の中では、私が、主を注視することを望まれ、また主ご自身のうちに呑み込まれた私の霊魂と能力のすべてが、そのまま残っていて、主は、私の霊に非常に強く働きかけられましたので、外のことに全く気づきませんでした。しかしながら、私の心は、主を愛する熱望で一杯になっているのを感じ、聖体拝領への満たされえない渇望と苦しみへの渇望が与えられました。それで、この渇望に対し、私は、どうすればよいのか分かりませんでした。夜の時間を除いて、私が自由に使える時間を持たなかったのです。夜は、私が使えるものと理解していました。この神との一致は、言い表せないほど喜びを与えるものでしたが、私は、それが一つの念禱であったとは思いませんでした。そして絶えずこの念禱をするよう急《せ》き立《た》てられるのを感じました。主がこのことを私に理解させられた時、すぐに、私は、そうすることができる時間には、それに従事しますでしょうと主に約束いたしました。

＊訳註　口禱《こうとう》は、口で祈りの言葉を唱えるものであり、念禱《ねんとう》は、自己の内部での神との交流である。念禱には、いろいろな種類があるようであるが、たとえば理性の働き方によって、黙想あるいは観想的な祈りという言葉が使われるようである。

13　秘跡と聖体拝領への愛

それにもかかわらず、善き主は、それほど強く私自身の全体を占拠されましたので、私は、口禱《こうとう》が余り好きではなくなったと話したところですが、ご聖体の前では、決して飽きることのないほど、全くの潜心を感じていたとき、私は、口禱ができなかったのでした。私は、食べず、あるいは、飲まず、また何をしていたかを知ることもなく、一日中、昼も夜も過ごすことができました。その他は、愛のために、愛を主にお返ししようとして、主の現存に燃えている小さな蝋燭《ろうそく》のように、燃え続けていました。私は、教会の入口のところで止まることができず、私のなかに感じたある種の遠慮にも拘らず、できる限り秘跡に近く身を置くことを、決して止《や》められませんでした。

私は、しばしば聖体を受けることができる人々や、至聖なる秘跡の前に自由にとどまることができる人々だけが、幸福と考え、羨《うらや》んでいました。私が非常に下《へ》手《た》に時を過ごしたのは事実です。それに私は、主を傷つけるようなことをしなかったと思いますが。

私は、その上、ご聖体の前で時をすごすため、前にお話しした方々の厚意を得る努力もしました。

14 最大の過失

自分の罪の報いとして、クリスマス・イブの夜、全く眠ることができなかったことがありました。その後、教区の主任司祭は、声を一段と高くして、「眠らなかった者は、聖体拝領をするべきではありません。もちろん、かれらは、そんなことをしないでしょうが」

といわれました。私はといえば、聖体拝領ができないとすれば、敢《あ》えて拝領に行きませんでした(7)。

このようにして、このお祝いの日は、食物とすべての楽しみを捧《ささ》げ物とした、涙の一日でした。それにしても、私は本当に大きな罪を犯したことがあったのです。それは、昔、カーニバルの祭りの時に、他の若い少女たちと一緒にいたとき、私は虚《むな》しい自己満足のため、自分自身を欺《あざむ》きました。これは、私自身に対して生涯、苦《にが》い涙と悲しみの主題《もと》となりました。私の行いました過失は、この若い少女方の虚《むな》しい自己満足という同じ動機によって、虚栄の装飾をおこなったことでしたが、同時にまた神は、この人々を神の正義の道具とされたのです。この人々は、立派な人々でしたが、私が自分の罪によって主に対し行った不正を償うため、神の正義の道具として神が用いられました。この人々は、私たちのことに関して、行われたすべてにおいて、何ら悪いことはしていないと考えていました。そして元来、このように望まれたのは、私の神であったのであり、この方々には何らの過ちはなかったと信じております。そのため私は、この方々に少しの悪い気持ちも抱きませんでした。

＊7註　民間信仰は、非常に奇妙であるが、この時代しばしば、クリスマスのミサに出席する前に、眠らなければならないことになっていた。

15 この物語による恥じらい

けれども、ああ、私の主よ、私の弱さをお憐《あわれ》み下さい。私に、これほど生き生きと刻印されました極度の苦しみと恥じらいのなかにあって、あなたのためこれをお書きしますことを、それほど長い間抵抗しましたわたしの弱さをお憐れみください。わたしの神よ、私を正義の叱責《しっせき》の厳しさの下に、この弱さを屈服させてしまわれるよう、お力添えください。

いいえ、そうではなく、私が命を賭《か》けねばならないときや、すべての被造物の軽蔑《けいべつ》を受けねばならないときであっても、あなたの恩恵によって、私が、決してあなたに抵抗するようなことのないことを明言いたします。そしてあなたのお赦《ゆる》しを懇願しておりますあなたへの反抗に対する復讐《ふくしゅう》のために、地獄の勢力の憤激を寄せ集めて、私に向かわせられるとしても、あなたの恩恵によって、いかなる反抗も致しませんよう。また、私の自己愛が私に感じさせる嫌悪にもかかわらず、あなたが、私に切望されることを達成する力をお与え下さるよう、嘆願《たんがん》いたします。

16　結婚の目論《もくろ》み

私が成長するのに伴ってくることで、当然、私の十字架が増えました。それは、悪魔が、私を求める数多くの、世間的に見て、よい結婚相手を作り出したからです。そしてこれは、立てた誓願に私を背かせるためでした。このことで、たくさんの人たちを惹《ひ》き付け、その方々に、私がデートしなければならなかったのです。そしてこれは、私にとって小さい責め苦ではありませんでした。なぜなら、一方では、私の親戚《しんせき》、とりわけ私の母は、私に受け入れるよう強く求め、そして母はいつも泣いて、家庭の悲惨な状態から抜け出すため、私にだけ希望を置いていたのにといいました。また、私が社交界に出入りするようになりましたら、すぐにでも、私といっしょに生活することが慰めで生きてきましたのにと。

他方、神は、それほど強烈に私の心を追及されましたので、もはや心の平和を保たれませんでした。なぜなら、単に私の誓願が、変わりなく私の目の前にあったばかりではなく、私は、もし私がそれを守ることに失敗したとしたら、私を待ち受けている恐ろしい責め苦について考えましたので。悪魔は、もし私が修道女になったとするなら、私の母が、絶え間なく涙を流して、深い悲しみで死ぬ原因ともなりかねないと想像させて、私が母に対してもっていた優しさと愛情を利用しました。もちろん、私は神に対し、そのことの責任をもっているでしょう。それは、母が全く私の世話になろうと思っていたからですが。(8)

これは、私にとって、耐え難い悩みの種でした。なぜなら、私は母と二人で、お互いに会うことなく、暮らすことができないほど緊密に、気持ちが合っていましたから。けれども、修道女になろうとする願望は、絶えず私を苦しめ、私が不潔に近いものであるという大きな恐怖が、私を責めました。＊

このすべては、私にとって一つの殉教の苦しみでした。なぜなら、私には安らぎがありませんでしたから。そしてだれにも心を打ち明けることができず、どんな解決方法をとったらよいかも解《わか》らず、涙で途方に暮れました。

最後に、私の善良な母に対する優しい気持ちが、打ち勝ち始めました。私がこの誓願を立てたときは、まだ子供に過ぎなかったことを考慮して、誓願を立てながら、その意味を理解していませんでしたので、私のため、誓願の免除を得ることができると考えられました。これに加えて、私はもはや、私が望むように、絶食し、施し物を与え、そして苦行をすることができないでしょうといいつつ、自由を拘束されることを強く恐れました。また同様に、修道生活が、それに専念している人たちに、非常に大きな聖性を求めるものであること、それが、私にとっては、もはや決して達成することができなくなるであろうこと、そして私は地獄に落ちるであろうことも考えました。

＊8註　いいかえると、彼女は、世話を私からだけ期待したという意味。
＊訳註　貞潔の誓願は、結婚をしないことであるため、当人が結婚を考えることでも、良心上の問題は起こりうる。

17　世間の魅力に対する戦い

それ故に、私は世間に目を向け、できる限り自分に楽しみを求めながら、世間の歓心を買うために、自分を飾り始めました。ああ、私の神よ、あなたのみ、このひどい心の葛藤《かっとう》が拡《ひろ》がり続けるのをよくご存じでいらっしゃいます。このことに、私は、慈悲深く善そのものであるお方の、特別なお助けがなければ、何千回も負けてしまったことでしょう。あなたの慈悲は、私が心で考えたものとは非常に違ったみ摂理を持っておられました。この機会に、多くの他の場合も同様、あなたは、愛の、力強く刺《とげ》ある鞭《むち》に反抗することは、非常に難しいことを、私の心によく理解させられました。それに私が、悪意と不誠実において自分の全力を用い、この鞭《むち》に反対してあらゆる策略を用い、その心の中の動きをすべて、窒息させようとしましたけれども。

すべては、空《むな》しき努力に過ぎませんでした。私が仲間たちの中で楽しんでいるとき、主は、非常に燃えている矢束《やたば》を私の心臓に撃ち当て、それらは、心臓の四方八方に分かれて、燃え尽きました。そしてその結果、私が感じた苦痛というのは、全く口が利けず、動けなくなったことでした。それでもこのことは、私の心に対する主のご占有を返して頂こうとする、私のような恩知らずに対しては、まだ十分でありませんでした。それで、私は、私自身がいわば、縄《なわ》のような力で縛《しば》られ、引かれるのを感じました。それはつまり、私が、主に従うことを強制されたのです。その時、主は、私をある場所に呼ばれ、そこで厳しく私を叱責《しっせき》されました。(9)なぜならば、このお粗末な私の心に、主は、嫉妬《しっと》を抱いておられましたが、私の心はというと、ぞっとするような嫌味を我慢しておりましたから。

地面にひれ伏して、私は主の赦《ゆる》しをお願いして後、主は、私に厳しく長い償《つぐな》いを行わせられました。けれどもその後は、また以前と同じように、反抗と虚栄に戻ってしまいました。けれどもその夜、私がこれらのサタンの呪《のろ》われた制服、――すなわち虚栄の服飾であり、サタンの悪意の道具――を脱ぎすてました時、私の至高の主は、鞭打《むちう》たれている時の、酷《ひど》く傷つけられたみ姿で、私にお現れになり、そして激しくお叱りになっていわれました。このことが、主を、私と同じ虚無の状態にまでお引き下げしてしまったこと、そして死の時に、私に厳しい審判の勘定を要求されるのに、私が、今そのための、最も貴重な時間を浪費していること、そして主は、私が自分を主と見合ったものにされたほど、大きな愛と望みの多くの証《あかし》を与えられたのに、私は、主を裏切り、苦しめたと話されました。

この言葉は、私に非常に深い印象をあたえ、そして私の心の非常に苦しい傷となりましたので、私は、はげしく泣きました。私が苦しんだすべてのこと、あるいは、私の中で何が起こったのかを表現することは、私には難しいと思います。私は、このようなことについて教えられたのでもなく、だれかが話したこともありませんでしたので、霊的生活が何であるのか知りませんでしたが、それは、神なる主が、私を教育され、愛の激しさによってなされたこと以外ではないと知りました。

＊註9　とりわけ、伝承のある岩山の下で、今日もなお、木々で隠された岩壁の端のところ。

18　償いの苦行

私が主にお与えした侮辱《ぶじょく》を、何らかの方法で、その償いをするために（そしてまた主の似姿を再びお取りし、それにお消《あやか》りするために）、また、私を責め立てる苦悩を軽くするために、私は、何本かの結び目の付いた紐《ひも》で、この下劣な犯罪者である私の身体を縛《しば》りました。そして私が呼吸し、食べることがほとんどできないほど強く締めました。それに紐《ひも》は、非常に長い間放って置きましたので、上へ盛り上がってきた肉のなかに、くい込んでしまったほどでした。また紐《ひも》は、酷《ひど》い痛みを伴うほど、それを荒々しく引かないと、引き抜くことができませんでした。私は、自分の腕の周りに締めていた鎖も引き抜こうとしましたが、外れるとき、肉を少し引きはがしてしまいました。

それから私は、就眠のベッドの上に、板あるいは尖《とが》った瘤《こぶ》のある棒を置いて、その上で寝ました。そして私は、鞭《むち》打ちの苦行をすることにしました。それは、私が、自分の心の中で苦しむ葛藤《かっとう》と苦悩に対する何らかの薬にでもなれば、と思ったからです。この薬という点に関して、私が外観上苦しむことのできるものすべては、――前にお話しした恥ずべきことと矛盾のすべては続き、減るよりは増え続けましたけれども、――申し上げるとすれば、私の内的苦しみに応じた分だけの回復であると思われました。これらは、善き主が私に教えられましたように、私がこれらを黙って担い、隠れて保たれるために、これほどの激しさを用いられましたが、主は、それを外には、決して見せられませんでした。ただ私が青ざめ、憔悴《しょうすい》しているのが見られるだけでした。

私が神に罪を犯したことについて持っていた恐れは、私にとっては、他の何事よりも遥かに大きな責め苦でした。なぜなら、私の罪は、絶え間なく続いているように思われ、そしてそれは、そんなにも大きなものでしたので、下劣な罪人である私を生きたままで埋めるため、地獄が私の足下に開かなかったことを、不思議に思ったほどでしたから。

私は、毎日告白することが望みだったのですが、稀に行くことしかできませんでした。私は、告白場に長く留まる人たちを、聖人のようだと考えました。そして自分の過失を、自身で咎《とが》めることを知らない私とは、同じではないと思いました。このことは、私に多くの涙を流させました。

19　修道生活への望み

いろいろな苦悩と葛藤《かっとう》に明け暮れて、私の主イエス・キリストから以外には何の慰めもなく、また多くの苦労の数年が、過ぎ去りました。主は、私の師であり、支配者であることに戻られました。修道生活への望みは、非常に強烈に私の心の中で再燃しましたので、それがどんなに高価なものについたとしても、修道女になることを決心しました。けれども、ああ、なんということでしょう。これは、四、五年後に至るまで、達成されることができませんでした。この間に、私の恥ずべき過失と苦悩が、あらゆる面で二倍になり、神である主が許されたことに比例して、私は自分の償いを倍増するよう努めました。

というのは、主が、徳の美しさをお見せになりながら、私を指導するように変えられたからです。この徳の中で、特に、清貧、貞潔と従順の三つの誓願は、これらの誓願を実行することによって、人は、聖人となるといわれました。そして主が私にこれをいわれたのは、祈りをしているとき、私は、自分を聖人にして下さるよう懇願しましたから。

その他、私は、聖人伝以外の本を全く読みませんでしたので、本を開きながらいったことは、私が聖となるため、聖女のなさったことをすることができるよう、真似るのが易しい人を探しましょうと。けれども、私の心を痛めたことは、読書によって、私がこれほど神に背いたことを知ることであり、聖人たちが、私のようには背かなかったことを見ることとでした。そうでなければ、少なくとも、もし聖人のだれかが、これほど背いていたとしても、その人は、いつも償いの生活に従事しておられたのを見ました。この聖人は、そのようにしようという大きな願望で、私を活気づけられた方でした。ところで、私の神なる主は、私が自分勝手な意志に従うことに、大きな恐れを植え付けられましたので、その時以来、私は、——たとえ自分がすることができたとしても——私が愛と従順によって行う時を除いて、主は、何事も承諾されないものと考えました。

それ故、このことは、私に主を愛するがため、また、私のすべての行いを従順を通じて行うという態度を望ませました。けれども私は、どのように、これ、またば、あれを実行しなければならないかが判《わか》りませんでした。私は、自分が愛していると発言することが罪であると思いました。なぜなら、私の行動が自分の言葉を裏切るのを見ましたから。

20　貧者と病人たちに対する愛

私が、主をお喜ばせし、お愛しするのに、私が何をすることを望まれるか、またどのような方法でそれをおこなうかを、お教え下るよう、またそうさせてくださるよう、主にお願いしました。主は、私に貧者に対する非常に優しい愛の心をお与えになりました。そのため私は、それ以外のことを話し合うのを望まないほどでした。主は、また、貧者らの苦難に対し、非常に深い同情を私の心に刻印されましたので、もし私の思い通りになったとしたら、私は、自分のために何も残さないと思うほどでした。それゆえ、私がいくらかでもお金を持っていた時には、私は貧乏な子供たちにそれを与えました。それは、この子供たちを私のところへ来るよう誘い、カトリック要理や神への祈りを教えるためでした。

そしてこれは、かれらが、私に従うようにさせたのです。そしてしばしば、子供たちに、どこで、冬になったらこれを教えるか、また、もし大きな部屋がなければ、どうしたらよいか困る位でした。この部屋も度々追い出されたのですが。

このことは、たくさんの自己放棄をする原因《もと》になりましたが、それは、私が行っていることの何でもが、人に見られるということを望みませんでしたから。私は、貧しい人たちに、自分の手で摑《つか》むことができたものすべてを、与えたと考えられていました。けれども、私が自分の物でないものを窃盗することになるといけませんので、自分のもの以外、何も与えたことはありません。また、従順によるる以外、それ以上のことを敢《あ》えてしませんでした。私が持っているものを人に与えることを母が許す気になるために、私が母に優しくすることが必要でした。そして母は、非常に私を愛していましたので、非常に容易に承諾しました。しかし母が拒否したときは、私は、すぐ引っ込め、静かにしていました。そして少し経ってから、再びそのことを取り上げ、要求し直しました。

なぜなら、私は、それ以上、許可無しで何もすることができませんでしたから。それは単に、私の母に対することだけではなく、私が一緒に生活している方々に対しても同様でありました。これは、私にとって絶えざる地獄のような責め苦でした。けれども、私が、多くの非難を受けたこの方々全部に規制され、この方々に従わなければなりませんでしたが、それは、私が修道女であることができるかどうかを自分でテストするため、と思ったからです。こうして、私が絶えず願いに行った許可のすべては、私に大きな拒絶と束縛の状態を引き起こすことになりました。なぜなら、このことは、修道女ではなく、奴隷であることだけが可能であるぐらい、この方々に、私に対する大きな権威を与えてしまっていたのです。けれども、神を愛する燃えるような私の願望は、私にすべての困難を克服することができるようにしました。そのため、私は、自分の好みと全く正反対でありましたもの、また、最も嫌っていましたものは、何でも、慎重に行うようにしました。私がこの良心的な動きに従う上で過失を犯した時は、いつでも、心の中で告白することを非常に強く促されました。

私は、傷を見るのに特別な嫌悪を感じました。けれども、始めて傷の手当てをするようになったとき、はじめに自分自身を克服するために、患者の傷に包帯をし、キスをしなければなりませんでした。それに私は、どのようにしなければならぬかを、知らなかったのです。けれども、神である主は、私の無知をすべて、それほどうまく補われることを、よく知っておられました。それで傷は、短期間に他の軟膏《なんこう》によってではなく、主のみ摂理という薬によって治されました。その上、これらの傷は、非常に重症でありましたけれども、私は、外面の治療よりも、もっとよき主の優しさに信頼しました。

21　彼女を選ばれた主からの叱責

私は、自然に楽しみや娯楽を愛することに向いました。けれども、もはや、力を尽くしてそれらを求めても、楽しむことはありませんでした。鞭打《むちう》たれた救い主の苦痛に満ちたみ姿は、私がこれらの楽しみを味わうのを妨げました。そして主が私を責められた次の言葉は、私の心に突き刺さりました。

「あなたは、この楽しみを選びたいでしょうか？　けれども、私は、決して何の楽しみも持ったことはありませんでした。そしてあなたへの愛のため、あなたの心をかちとるため、有りとあらゆる種類の苦《にが》みに私自身を委《ゆだ》ねました。にもかかわらず、あなたは、なおも私とその楽しみとを天秤《てんびん》にかけたいのです」

ここにいわれたすべては、私の霊魂に深い印を刻みました。けれども、私は、粗野な、わずかしか霊的でない精神しか持っていませんでしたので、これらのすべてを何もよくは理解しませんでしたし、それに、私が抵抗できないほど強く、主が促されたのであって、私が何一つよいことをしたのではないと、心から告白いたします。私がここに書くすべてのことのうち、その大きなテーマは、私の行った恥ずべきことであり、それは、私が自分のたび重なる神への反抗と恩恵への反発によって、どれほど厳しい永遠の罰に値するかをお知らせし、また、神の慈悲の偉大さをもお見せすることができたらと思うことです。なぜならば、主が私を追及されるとき、常に主の善性が私の悪意に比較され、そして神の愛が私の恩知らずと対照的であることを攻撃されたように思われましたから。私のこの恩知らずというのは、私の生活全体を最も生々しく感じる悲しみのテーマであり、私の揺り籠《かご》の頃《ころ》から、また、今も毎日続いて、非常に優しく私の面倒を見てこられた至高の救い主を認め、識《し》るべき術《すべ》を知らなかったことは、生涯、私の深い悲しみの因《もと》となりました。
ある時、私は、自分の心の中に見ましたこれほどの過ちと背信でさえも、主を失望させるに至らなかったのに驚き、深淵に沈められたようでありましたとき(11)、主は、私にこのようなことを答えられました。

「それはあなたが、私の愛と私の慈悲との一体となった化合物となるよう望むからです」

＊11註　古典時代、abrme　は、しばしば女性名詞。
＊訳註　11註の考えは、驚きのあまり喜び感謝するのでなく、深淵《しんえん》に沈んだ理由は、彼女の心理が、過去の自分の過失の重さを想《おも》い出《だ》し、悲しんだものと考えられる。
＊訳註　化合物というのは、この時代の考えでは、たとえば、二つの別の物質を混ぜた混合物と違って、二つのものから、完全に一つの物質に融和したものであり、その一致が完全であることを例えている。

22　聖なる乙女のご配慮

あるとき、主は、私にいわれました。

「私は、あなたを私の浄配になるように選びました。そして私たちは、あなたが貞潔の誓願を立てた時、それぞれお互いに誠実であることを誓いました。世間があなたの心の中に場所を占める前に、この誓願を行うよう強く勧めたのは私でした。なぜなら、私は、この誓願が完全に純潔で、現世的な愛情で汚染されることのないよう願っているからです。さらに私は、それをそのままで保つことを願って、現世的な愛情が誓願を腐敗させることのできないように、あらゆる悪意をあなたの意志から除去しました。そうして、私は、あなたを私の聖なる母のご保護に委《ゆだ》ねましたが、それは、聖母が私の考える通りに、あなたを作り上げるためです」

それゆえ、聖母は、私にとってはいつもよき母であり、また、聖母は決して私に対する助けを拒まれたことはありませんでした。私の苦労ごとと必要なものすべてにおいて、私は、聖母を最後の頼みの綱としていました。そして大きな信頼をもっていましたので、私が聖母の母親としてのご保護の下で、恐れるべきことは何もないように思われました。その上、そのころ私は、毎土曜日、断食する誓いをしていました。そして私が読むことができるようになった時、聖母の無原罪の御孕《おんやど》りの聖務日課を唱える誓いをしました。そして私は、聖母の七つのお悲しみへの尊敬のため、一生の間、毎日、七回跪《ひざま》ずき、七回のアベ・マリアの祈りを唱える約束をしました。そして私は、聖母に、このような素質の、ただの子供にすぎない自分を、拒まれぬよう懇願しながら、いつも聖母の婢女《はしため》としての態度を取りました。私は、このよい母に遠慮しないで、みんな包み隠さず話をし、このとき以来、聖母に対して、本当に優しい愛情を感じるようになりました。

23　内的葛藤　親戚と悪魔と

けれども、聖母は、私が心の中で感じている恐ろしい戦いに、負けようとしているのを見られた時、私を厳しく叱責《しっせき》されました。なぜなら、私の親、親戚《しんせき》が加える迫害に対し、また私がこれほど愛している母の涙に対し、もはや抵抗が出来なくなり、――娘は二十の歳《とし》には、選択をしなければいけませんというので、私は、彼女の意見に同意し始めましたから。なぜなら、サタンは、絶えず私にいいつづけました。「貧しいあわれな人、お前は、修道女になることを望んでいるけれど、することは、何なのか考えているのか？　お前は、世の中の笑い者になる。お前は、そこで我慢など出来る訳がないからね。それに、修道服を脱ぎ、修道会を去るのに、どれぐらい、恥じらい、困惑するかねえ。その時、どこにお前は、隠れに行くのかねえ？」

私は、この間ずっと、涙を流し続けました。なぜなら、私は、男たちに対して、ぞっとするような嫌悪感をもっていたからです(12)。それで、もはや、何に覚悟を決めるべきかを知りませんでした。けれども、私の目の前に常に私の誓願を見守っておられた私の神なる主は、ついに、私を憐《あわ》れまれました。

＊12註　マルガリタ・マリアは、異常であったわけではない。彼女は、多くの男兄弟が

好きだった。けれども、彼女は、神に対してだけという強固な意志が、このように表されている。

24――主は、彼女に平和を戻される

ある日聖体拝領の後、主は、もし私が見間違ったのでなければ、最も美しく、最も裕福《ゆうふく》で、最も力強くで、最も完璧《かんぺき》で、すべての愛する方々の中で、非の打ちどころのない方のようにお見受けしました。それに、多年の間、主に誓ってきましたのに、どうして、今、私は、別の彼を探しますので、主との誓いを全く解消したいということになるのでしょうか？

「ああ！　知りなさい。もしあなたが、私にこの悪事をするのなら、私は、永久にあなたを棄《す》てるでしょう。けれども、もしあなたが、私に忠実なままでいるなら、私は、決してあなたを棄《す》て去らないでしょう。また、あなたのすべての敵に対するあなたの勝利を、取り戻すでしょう。あなたに私をまだ

よく熟知させないで、識《し》らないままにしていることを容赦《ようしゃ》してください。ですが、もしあなたが、私に忠実であり、私に従っていくなら、あなたに私を識《し》る道を教え、そしてあなたに私自身を明らかに示すでしょう」

主が、私にこのことを話しておられたとき、私の心の内部に非常に大きな静けさを植え付けられました。そして私の霊魂が、非常に深い平和になりましたので、それ以来、わたしは、心変わりするよりも死ぬことを決心したのでした。

このとき、私の束縛《そくばく》は解かれ、また、私が恐れることは、もはや何もなくなったと思われました。なぜなら、私は、修道生活が一つの煉獄《れんごく》浄罪の空間であるとするとき(13)、私の残りの人生を、そこで浄《きよ》めることは、私がそれほどしばしば、私の大きな罪と反抗によって、当然となった地獄の中の自分を見るよりは、遥《はる》かによいことでしょうから。

＊13註　伝記の中で、三語は欠けている。聖女の考えに合わせて、補正した。

25　それでも修道女に

このようにして、修道生活に決定したのですが、私の霊魂の、神である配偶者は、私が再び逃げだすことを心配して、私にたずねられました。私の意志が柔弱なので、主が、私の自由意志を支配し、従わせることに同意するよう求められました。私は、このことに同意するのに、何の反対もしませんでした。そしてその時から、主は、これほど強く私の自由意志を支配されましたので、その後の私の生涯には、もはや、決して若さの楽しみをもったことはありませんでした。そして主は、それほど深く私の心に浸み込まれましたので、私は、今やっと誓願を理解し始め、誓約の更新をしました。私は、もしそれが千の生命に値するのであったとしても、私が決して修道女以外にはならないでしょうといいました。そして私は、このことを公然と宣言しました。私に求婚する、立派な人たちすべてに、引き取ってもらうよう願いながら(14)。

私の母は、この有様をみて、私のいるときには、もはや涙を流しませんでしたが、でもそれについて、彼女に話をする人には皆、相変わらず涙を流しました。

そのあと、人々は、もし私が彼女を残して去って行ったなら、私が彼女の死の原因となると告げにくることを、決して忘れはしませんでした。その上、母には、他に世話をする人がいませんから、私が神に対してその責任を負っているでしょうし、それにまた、私は、母の生涯の終わった後でも、充分修道女になれるといいました。

私と特別に仲のよかった一人の弟は(15)、世の中でよりよい生活ができるよう、自分の持っている物を提供しようと申しでて、私を修道女になることから転向させるのに、全力を尽くしました。けれども、これらのすべてに対し、私の心は、岩のように無感覚になっていました。なお、この戦いには、私は、世間になお三年も残っていなければならなかったのですけれども。

＊14註　求婚者たちのこと
＊15註　クリゾストム・アラコク

26　マコンのウルスラ会に行くことが望まれる

私は、私の一人の叔父⒃のところに行かされましたが、その娘が修道女⒄でした。彼女は、私が修道女になることを望んでいると知って、彼女と同じ修道院で、一緒にいるようにするのを忘れませんでした。しかも、私には、ウルスラ会に傾倒するところが、全く感じられませんでしたので、彼女にいいました。

「とにかく、もし、私があなたの修道会に入るなら、それは、私のあなたに対する愛情のためだけでしょう。私が行くことを望むところは、親戚《しんせき》も、知り合いのいずれも、いないところです。神の愛のために、修道女になることを望むのですから」

しかしながら、私は、それがどこにあり、どんな修道会であるのかも知りませんでしたので、困ってしまい、また、それらを熟知もしていませんので、私は、彼女の執拗《しつよう》さに、また妥協することを考えました。私は、たいへん、この従姉妹《いとこ》が好きだっただけに、一層のことでした。彼は、私の叔父の権威を利用しました。そして私は、叔父には敢《あえ》て抵抗しませんでした。なぜなら、彼は、私の後見人であり、彼の子供の一人として、私を愛しているといっていました。またこのことは、彼の近くに、私がいることを望んでいた理由です。そして叔父は、私の将来を自分で決めたいといって、私の弟が私を家に連れて帰ることを、決して許そうとしませんでした。

修道女となる私の願望に、決して同意したことがなかった私の弟は、私に対して、極めて立腹していました。なぜなら、私が彼にも逆らって、また親戚《しんせき》の同意もなしに、聖ウルスラ会に入るには、私が、全くウルスラ会で納得《なっとく》しているものと考えたからです。けれども、これは、私の考えからは遠かったのです。それで、もっと強く、私が入る意欲をもつよう求められれば求められるほど、もっと大きな嫌悪を感じました。そしてついに密《ひそ》かな声は、私に告げられました。

「私は、あなたにそこを望みません。セント・マリーのところです」

＊註16　アラコク夫人の兄弟フィルベール・ラマン
＊註17　マコンのウルスラ会のシスター・セント・コロムブ

27　訪問会へ方向転換

しかしながら、私は、セント・マリーに(18)多くの親戚《しんせき》を持っていましたけれども、訪問することは許されませんでした。そして人々は、私のこれほど堅い決心を、挫《くじ》いてしまいそうな事情を話しました。けれども、かれらが私を転向させようと努めれば努めるほど、私は、セント・マリーがますます好きになり、その上、私がそこに入る願望が、増大するのを感じました。「セント・マリー」という快い名前のおかげで、私が探していたところが、ここであると分からせてくれました。あるとき、私は、偉大なサレジオの聖フランシスコ（Saint Francois de Sales）の肖像画を眺めていたとき、聖人は、私に「わが娘」と呼ばれ、父のような愛情のこもった目を注がれたように思いましたので、私は、そのときから、自分のよき父親として彼を眺めるようになりました。

けれども、私は、これらの事情を敢《あ》えていうこともできず、そしてどのように私の従姉やその修道会から抜け出すべきか見当がつきませんでした。彼女は、私がもうそれ以上は反対ができないほど、大きな愛情を示していたからです。

＊註18　セント・マリーの修道女。十七世紀には、セント・マリー訪問会の修道女は、しばしば、そう呼ばれた。

28　自分の家へ突然に呼び戻される

それから、ようやく、私のためウルスラ会の修道院の扉を開けることになった時、私は、弟が重病にかかり、そして私の母が瀕死《ひんし》の状態にあるという知らせを受け取りました。

私は、母のところに戻るため、すぐに出発しなければなりませんという知らせでした。私も病気でしたけれども、——他のことより、もっと気がかりなこと——神が私を呼ばれていないと思われる修道会に入ることを、私が強いられているように見えることは、もっと気がかりでした。

約四十キロの距離を、一晩中歩き続けました。そして非常に苦しい十字架を取るのと引き換えに、私がどんな風に解放されたかが、ここにわかります。この十字架のことを、私は、既に十分に話していますので、詳細には述べません。私のすべての苦しみが二倍に強められたことをいえば、十分と思います。

親戚《しんせき》たちは、私の母が、私なしには生きられないということを、私に見せようとしました。そして私が出かけたわずかな時間が、母の病気の原因になったこと、そして私が母の死について神に対し責任をもっていることを、確認させようとしました。それに、これらは、聖職にある人々による、権威をもった言動であり、私が母に対してもっていた優しい愛情の故に、私を深く悲しませることになりました。そして悪魔は、私に、それが永遠の罰の原因となるであろうと、信じさせるよう利用しました。

29　苦しみの御姿

他方、神である主は、私が休む間もないほど度々、すべてを捨て去って従うよう、強くお勧めになりました。主は、また、私が主の御苦しみの生涯の模倣をするための、非常に大きな渇望を与えられましたので、私が苦しむすべてのことは、何でもないように思われました。そしてこのことは、私の償いの苦行を、容易《たやす》く二倍に強めさせました。そして時には自分の十字架を前にして平伏《ひれふ》し、申し上げました。

「ああ、愛《いと》しい救い主、もしあなたが、この私に、あなたの苦しみの御姿を印《しる》されるなら、なんと幸いなことでしょう！」

そこで、主は、私に答えられました。

「これこそは、私が望むことですが、あなたが私に反抗せず、あなたが自分の分に応じて、苦しみを担いたいというのならばです」

主に、私の血の数滴をお捧《ささ》げするために、私は、指をしばり、指に針を打ちました*。それから、四旬節の間は、主の受けられた鞭《むち》打《う》ち刑の、多数の打撃を尊敬する目的で、できる限り毎日、苦行をしました。けれども、この苦行を行った長い時間には、時々、主が私への愛のためにお与え下さった御血に対して、私は、ほとんどよき主にお捧《ささ》げする血がありませんでした。その上、私が苦行を自分に加えることは、私の重大な責任でしたので、私には、非常に時間が必要でした。

けれども、カーニバルの三日の間には、多くの罪人が、神のご威光に反して行った数々の侮辱を償うため、自分が粉砕されることを望みました。可能な限り、私はパンと水で断食し、私の食物として与えられたものを、貧しい人たちに与えました。

＊訳註　血を捧《ささ》げることは、奇妙な感じがするが、愛と犠牲の表現であるとおもわれる。

＊訳註　カーニバルは、四旬節前の三日間の享楽的大衆的な祭りで、肉欲貪食などの罪、すなわち神への侮辱の多い時とされている。

30　聖体拝領に対する熱望

けれども、世間を去って修道生活に入る最大の喜びは、しばしば聖体を受けられると考えることでした。というのは、私には、それが稀《まれ》にしか許されていなかったからです。そしてもし私がしばしばそうすることを許され、また、毎晩、ただ一人ご聖体の前で時を過ごすことができるなら、地上で最高に幸せな人であると考えるでしょう。なぜなら、私は、この聖体の前という場所では、非常に安全を感じましたが、私が特別に怖がりであるにもかかわらず、この最高の好ましい喜びの場所にいるようになって以来、その怖《おそ》れを考えなくなりました。

聖体拝領の前の晩には、私は、自分が非常に深い静寂の中に、深く沈むのを感じましたが、私は、聖体の拝領という、自分が行うべき行為の偉大さのために、努力をしなければ、話すこともできませんでした。そして私が、拝領をしましたときは、飲むことも、食べることも、見ることも、話すことも望まないほど、私の感じた慰めと平和は、大きかったのです。そのほか、それほど強く、愛のために愛をお返しすることを求められた私の至高の善であるお方を、愛することを悟るため、できる限り人目を避けました。

けれども、もし私が念禱することを学ばなかったとしたなら、私が何かをすることができたとしても、私は、決して十分に主を愛することができたとは思いません。なぜならば、私は、ただ主が祈りに関して、私に教えられたことだけしか知りませんでしたから。私が主とともに、独りどこかの隅《すみ》に閉じこもることができたときは、主の聖なる働きかけに身を委《ゆだ》ねることでした。けれども、私には十分な暇をとることが、許されませんでした。なぜなら私は使用人と一緒に日中働かなければなりませんでしたから。それなのに、晩には、私と一緒にいた人たちが、満足するようなことを何もしていないと思いました。

人々は、私が食事をする気も起こらなかったほど、私を呼び立てました。その後、私が大きな渇きを感じていた、平和のわずかな時を過ごすために、可能なところへ引き下がったのです。

けれども、私は、絶えず私の神なる主に、私がしたことすべてにおいてお喜ばせできない心配を訴えておりました――自分好みの自己放棄*といえるような多くの我意がありましただけに。そして従順によって行われたことしか良いとは思いませんでしたので。私は、主にお話ししました。

「ああ、私の主よ、どうか、私をあなたの方に導いて下さるような人を、お与えください」

主は、私にいわれました。

「あなたには、私で十分でないのですか？　何を怖れているのですか？　私があなたを愛するように、御父に愛された子供は、全能の御父の両腕に抱かれて死ぬことができるでしょう？」

＊訳註　自己放棄 mortification は、禁欲、難行などの訳もあるが、ここでは、語源の自分（の我意）を死なせることを意味するように思われる。そういう意味で、自己放棄という訳を使っている。

31　フランシスコ会大赦《たいしゃ》の告白

私は、霊的指導＊とは何を意味するのか知りませんでした。けれども私は従順であることに大きな願望をもっており、そして大赦(19)の折りに、善き主は、フランシスコ会修道士が家(修道院)に来て、わたしたちが総告白をする時間が必要なため、泊まられることを許されました。私は、すでにこの約二週間前に、私の告白分のメモを書き上げていました。なぜなら、私は機会があればいつでも、総告白*をしたのですが、私はいつも、私の大きな罪がもとで、十分によい告白をすることができなかったと思っていましたから。この罪について、私は、自分に非常に生々しい苦しみが浸透しているのを感じましたが、私は単に私が多くの涙を流しただけではなく、霊魂の底から、——私の深い悲しみの極限において——、全世界に、このことを公言したいほどでした。

私の最大の嘆きは、私がそれらの罪を識別することもできず、またその並外れたことを表現することもできないほど、私が盲目無知であったことです。このため、告白のことを扱った本で、調べられることをすべて書き、時には、発音することさえ嫌な言葉も、書き留めました。けれども、私は、心の中にいいました。「私は、それをしたかも知れません。ですが、今、それを知りませんし、覚えてもいません。それでも、私が神の正義を充《み》たすために、告白をする内容で恥じらうことは、まさに正しいのです」

もし私が、私の良心の告発する多くの過失を行ったと信じるなら、悲嘆にくれることになるのは事実です。もし至高の主が、悪意がない意志の承諾をすべて許されるということを保証されなかったなら、私は、その後も、このような告白の問題を、持ち続けたであろうと思います。さて、私の告白となると、その善良な神父さまは、私に、この何枚もの紙切れを読むことを許されないで、無視させました。私は、神父さまに、良心を安心させるため懇願しましたのに。それに、わたしは、神父さまが思っておられるより大きな罪人だったのですが。

この告白の後、私は、非常に平和になりました。私は、神父さまに色々生活の話をしました。それに対して、たくさんの良い助言を与えられました。けれども、私は、完全に皆、話すことはしませんでした。それは、極めて怖《おそ》れていた事、うぬぼれであると思ったからです。なぜなら、私の本性的なものは、虚栄に傾いているからです。そして私が行ったすべてが、うぬぼれの動機によってであったように思われましたから。私は感じたことと、承諾したこととの違いを弁別することを、全く知りませんでした。これらは、私の多くの悩みとなりました。なぜなら、私は、罪が自分の霊魂から神を遠ざける原因として、罪への大きな恐怖を持っていましたから。

この善良な神父さまは、私に償いの道具を下さることを約束されました。そして私の弟が私をいつまでも世間に引き留めますので、四、五年来、修道女になるため追求し続けていることを、神父さまに話しました。このことについて、神父様は、弟に非常に大きな良心的な咎《とが》めを与えられましたが、その後も、私には、まだ修道会に入る計画を持ち続けているかを聴かれました。そして、私が気持ちを替えるより死んだ方がましですと答えました時、神父さまは、私に上述のことで、満足を与えるようにすることを約束されました。

＊註19　大赦は、クレメンス十世によって行われたが、それは、一六七〇年の教皇選定の時だった。この大赦は、一六七一年にオーチュン教区に認可され、開始は、一六七一年二月二二日だった。これは、パレの訪問会へ、マルガリタが入会する四ヶ月前であった。

＊訳註　direction は、方向、管理、指揮などを意味するが、ここでは、direction spirituelle を意味すると考えた。

＊訳註　総告白というのは、自分が生まれて以来、あるいは少なくとも洗礼を受けて以来の罪を告白することである。

32　ウルスラ会での足踏み

こうして、神父さまは、私の持参金のことと、私を追求することを止《や》めない従妹《いとこ》と交渉するために行かれました。そして私の母と他の親戚《しんせき》は、私があのウルスラ女子修道会に入ることを望みました。私は、もはやどのようにそれを防ぐかの術《すべ》も知らなかったのです。

けれども神父さまが行っておられた間、私は、至聖なる乙女である、慈しみ深い女王に訴えておりました。私がよく祈りました聖女イヤサントのお取り次ぎによって、そして私の聖母の栄誉のため多くのミサも捧《ささ》げました。聖母は、私を慈愛深く慰められて、いわれました。

「何も恐れないで。あなたは、私の本当の娘でしょう。そして、私は、いつでもあなたを慈しむ母でしょう」

このお言葉は、極めて力強く、私の不安を鎮《しず》めましたが、それは、皆の反対にもかかわらず、実現することを私に確信させたほどでした。

弟は、帰る時に私に言いました。「持参金として、四千リブル＊を要求しています。それは、あなたのお金ですから、あなたが好きなようにすることは、あなたの問題です。というのは、交渉が、まだ、確定してはいません」

それですぐに、私は断固として答えました。

「それは、決して決まることはないでしょう。私は、遠く離れたセント・マリーの修道院に行きたいと思います。そこでは、親戚も、知り合いもおりません。それは、私が神の愛のためにだけ、修道女であることを望みますから。私は、全く世間を離れます。世間を忘れ、もはやそれを見ないために、自分をどこかの小さな奥まったところで隠すのです」

＊訳註　リブルは、２００円位。

33　パレの訪問会の選択

いくつかの女子修道会が提案されましたが、そこには、心を決めることが出来ませんでした。けれども、私は、パレの名が呼ばれるやいなや、私の心が喜びで一杯になり、そしてすぐに承諾しました。

けれども、私は、まだその外に、八つの歳まで一緒にいた家の修道女たちに、会いに行かなければなりませんでした。それは、厳しい戦いを防御することでした。なぜなら、この修道女たちは、私を連れていって、彼女らの子供と呼び、なぜ、それほど優しく、彼女らが私を愛しているのに、去っていきたいのとか、私がそこでとても辛抱などできないことが分かっていて、セント・マリーに入るのを見るなんて、耐えられませんわ、とかいいました。私は、やって見るつもりですと告げました。そして修道女たちは、私がそこから出てくるなら、この修道女たちのところに戻ると約束させました。なぜなら、私が、そこに、決して慣れることなどできないでしょうからといいました。そして修道女たちに、このようにいわれたにもかかわらず、私の心は、何も感じることのないまま、この心の決意がもっと強められ、そして言い続けていました。
「死ぬか、勝つかでなければなりません」

34 パレ「私が、あなたに望むところは、これです」

けれども、私は、早く私の幸福の場所に到着するために、私が耐えるべき戦いのすべてを放り出しました。大切なパレ、そこで、私が面会室に入るとすぐに、主は、私に次の言葉を心の中に話されました。

「私が、あなたに望むところは、これです」

そこで、私は、弟に、他のところには決して行かないのですから、皆に対し二人が同じ意見になる必要がありますといいました。それを私が望んだと思わせないで、弟が、私をセント・マリーの修道女に会わせるためにだけ、連れて行くと考えていたので、一層、彼は、このことに驚きました。なぜなら、彼には、こういう風に約束していたからです。しかしながら、私は、今までのすべてを中止しないことなど、全く望んでいませんでした。

そうして、私に新しい生活が始まったと思いましたが、それに大きな満足と平和を感じました。主は、私にこれほどの喜びを戻されましたが、起こったことを知らなかった人々は、いいました。

「見なさい。マルガリタは、修道女のよう」

そしてついに、私が、決してしたことのなかったほどの、一層の虚栄の清算がもたらされました。それに、自分がすべて至高の善であるお方に属していると感じる大きな喜びのために、可笑しさを感じるのでした。至高の主は、私がこれを書くとき、度々、この愛のこもった叱責《しっせき》の言葉をいわれました。

「私の娘よ、よく考えなさい。たとえば、あなたは、独り息子に対する愛から裏切られた父親を考えてみることができるでしょう。この息子は、決して

父親の世話をそんなにはしたこともなかったが、その後、この息子は、父親に、それほどの優しい愛の証《あかし》を与える事ができました。そのように、私が、今まで、あなたに与えたもの、または、あなたの小さいときから、教育し、私のやり方に合わせる忍耐と苦労の積み重ねの中から、あなたに与えたいと望んでいるものは、こういうものです。私は、あなたの反抗の間中、ずっと諦《あきら》めないで、優しくあなたを待っていたのです。

ですから、よく覚えておきなさい。もしあなたが、決して私に感謝を忘れなかったとしても、私に、すべてについて光栄を帰さないならば、あなたにとって、あらゆる善きものの涸れることのない泉さえ、枯渇させることになるでしょう」

35　マルガリタ修道院に入る　一六七一年六月二〇日

ついに、待ちに待ったその日が、世間に最後の別れを告げるためにきました。私の心は、人が、特に母が、私に言っていた程には、愛情に対しても、悲しみに対しても、全く感じるところがありませんでしたが、心の中では、今まで、決してこれほどの喜びと決心の堅さを感じたことがありませんでした。そして私は、人々と別れても、一滴の涙も流しませんでした。なぜならば、私には、自分が神である花婿の家に入るために、神の現存、神の富、神の愛に全く自由に与《あずか》り、享受《きょうじゅ》するために、奴隷が捕虜《ほりょ》収容所や鎖《くさり》に繫《つな》がれた状態から解放された自分の姿を眺めるようであると思われました。

これは、主が、有頂天《うちょうてん》になっていた私の心に言われたことでした。そして私は、セント・マリー修道院で、聖なる乙女マリアの娘と成ることを望む以外には、他の召出しの理由を与えることができませんでした。

けれども私は、土曜日の入門のときになって、私の心にもっていた苦しみが——そして多くの他のものも——非常に激しく私を襲って来ましたので、入門に際《さい》しては、私の精神が私の体から分かれてしまいそうに思われました。しかしながら、すぐに、主は、私の世間の捕虜の囚人服を破り捨て、主の喜びのマント(21)を私に着せられたことを示されました。非常な喜びを満して、私は叫びました。「神が私に望まれるのは、ここです」

始めに、神の家が聖なる場所であり、そこに住むすべての人が聖であるに違いないということを私の心に重々しく感じさせられました。そしてこのセント・マリーの名前は、それがどれほどの価値をもつものであったかを私に示されました。また、なぜ人は、予備に備えたり、操作を加えたりしないで、全く、自分自身を捨てて、犠牲として捧《ささ》げなければならないかの訳《わけ》が、これであったことも示されました。それらは、初めには、非常に難しいように思われましたものも、穏やかになりました。これは、数日の間毎朝、私がそれらの言葉を理解しなかったのですけれども、次の言葉をはっきり聞いて呼び覚まされました。

Dilexisti justitiam（あなたは、正しさを喜ばれました）とその詩節の残り。そして他の時には、Audi filia et vide,（聴きなさい。娘よ。そして見なさい）等。

そしてさらに、

「おお、エルサレムよ。イスラエルの家よ。あなたは、あなたの小径や街道を知っていました。

けれども、主は、すべての道で、あなたを導かれ、決して、あなたをお見

捨てにはならないでしょう」

私は、私の良き修練長さまに(22)、このすべてを話しました。けれども、それを理解されなかったようでした。私は、彼女を私の院長さまと同様に(23)、私の地上における主イエス・キリストとして見ておりました。私は、全く指導や方針について知りませんでしたので、私が従順であることができるように、拘束の状態の私を見ることが非常な喜びでしたが、私に言われたことは、すべて、運命の宣託《せんたく》であるように思われ、そして私が従順によって行動をしているなら、心配するべきことは何もないように思えました。

＊21註　Conscidisti saccum meum et circumdedisti me laetitia (Ps 29, 12)（わたしの袋を裂けば、喜びがわたしを囲みました）

＊22註　シスター・アンヌ・フランソワ・トゥーバン修練長。パレー出身で一六二六年創立のこの修道院の最初の修練女。院長になるのは遅かった。

＊23註　メール・マルゲリト・イエロニム・エルサンは、パリーの第一修道院の立願修

道女（professe）。パレの院長職には、一六六六年から一六七二年までだった。

36　待っているキャンバス

こうして、修練長さまに私の霊魂が、それに非常に飢えておりました念祷を教えてくださるようにお願いしましたとき、彼女は、私が二十三才で修道会に入っても、念禱することを全く知らないとしか、信じようとはされませんでした。その結果、私の無知が彼女にはっきりしました時に、彼女は、最初に言いました。

「行って、画家の前に待っているキャンバスのように、主のみ前にあなた自身をお置きなさい」

彼女の言ったことが理解できませんので、私は、説明して下さればと望んではおりましたが、それをあえて願い出ることはしませんでした。けれども、主は、私に言われました。

「来なさい。そうして、私が、あなたにそれを教えましょう」

そして、私が祈りに行くとすぐに、私の至高の主は、私の霊魂が、描かれるのを待っているキャンバスであることを見せられ、このキャンバス上に、主がご自分の苦しみのご生涯のすべてをデッサンに描きたいと望まれ、このみ苦しみのご生涯は、すべて愛と欠乏、すなわち分離の中に、ご死去の完成のときの沈黙と犠牲の奉献の中に流れているものであることを見せられました。地上のものに対する大きな愛着について、自己愛について、被造物への愛についての、霊魂に残されたすべての汚点から浄化されてから、主は、このデッサンの作用を与えられたのでした。このような世俗的なものに対しては、私の自然な傾向は、極めてお付き合いがよかったのです。

けれども、主は、このとき、私からすべての虚飾を奪われました。そして私の心を空にし、私の霊魂が全くの裸になって後、主は、私にどんな休息も与えないほど、愛することと苦しむことへの燃えるような渇望に火をつけられました。主は、私をすぐ近くから駆り立てられましたので、私は、自分の十字架をになって、どのように、主を愛することができるかを考える暇しかないほどでしたが、また、主の慈しみは、常に、私に関して大きなものでしたので、必ず私に手段を用意されました。

37　聖フランシスコ・サレジオは、彼女の償いの熱意を節制させる

私は、修練長さまに何もお隠しするようなことはありませんでしたけれども、償いの業については、修練長さまの意向を遥《はる》かに越えて、そのお許しの範囲を拡大する計画を考えました。この自分に義務として課すものについては、会の聖なる創設者は、私が限度を越さないよう、非常に厳しく叱《しか》られましたので、それ以来、決して再び願う勇気を持ちませんでした。なぜなら、この話は、いつも私の心の中に重々しく残り続けました。

「何ですか？　私の娘よ。従順の限界を越えても、神のお気に召すとでも、お考えですか？　従順は、この修道会の床柱であり、基礎ですね。苦行ではありませんね」

38　着衣　一六七一年八月二十五日

私は、神を完全にお視つめするという、燃えるよう熱望で、私の修練の期間を過ごしました。神は、私に神自身によってのみ満たされる幸福を得させるために、絶えず、私が神を追求し続けるよう憐《あわ》れまれました。それ故、会の聖服を受けました時、私の神である主は、それが私たちの婚約の時であったこと、そしてこの婚約が、私に対する主の新しい支配を、お委《ゆだ》ねするものであること、私もまた、特別の愛情によって主をお愛しするという二重の誓約であったことを、解らせてくださいました。

こうして、主は、非常に情熱的な恋人のように、この間中、主の愛情に満ちた愛撫《あいぶ》の甘さの中でも最も優しいものだけを味わうことを、私に解《わか》らせてくださいました。この愛撫は、実際、非常に強いものでしたので、しばしば、全く我を忘れさせ、何かをすることができないようにしました。このことは、非常に深い恥ずかしさを感じましたので、私は、目立つようなことを、敢《あえ》てしませんでした。この脱魂から、長上は、私を呼び戻され、セント・マリーは、異常なことを何も望んでいません、それは、セント・マリーの修道女の精神ではないと聞かされました。そしてそのすべてを引っ込めないなら、私を受け入れないと言われました。

39　普通の霊的生活の道を守るための虚《むな》しき努力

こうして、私は、大きな荒《すさ》みの中におかれました。私は、全力を尽くし、この異常の道から私を引き離すためには、何も惜みませんでしたが、私の努力は無駄でした。その上、よき修練長さまは、私にそれが解りませんでしたけれども、彼女なりに努力をされました。

なぜなら、私のよき修練長さまは、私が祈りと祈りの仕方を知るのに飢えているのを、見ておられましたが、――私が自分にあたえられた祈りの方法に従うこと、神なる主の教えられた祈りから常に離れるよう、私がした努力は、実を結ぶことが不可能でした。けれども、できる限りすべてを忘れ、神から顔を反らせるよう努めました――私には、一人の監督の修道女を手伝う仕事が与えられました。彼女は、私に、決められた念禱の祈りの間に、仕事をさせました。その後で、私が修練長さまに祈りに戻るためのお願いに行きましたときに、修練長さまは、修練院の修練の間は、仕事をしながら念禱をするようにと私に教えられて、願ったことを非常に強くお叱《しか》りになりました。このようなことは、私の霊魂の優美な喜びや慰めを妨げることができず、この喜びや慰めが、いつも増えるのを感じていました。長上は、私に朝の念禱の要点を聞きに行くことを命じました。その後私は一時課まで、言われた場所の掃除をしに出かけました。それから、できなかった私の念禱の埋め合わせが命じられましたが、それはむしろ、私がただ従順にすること以外に、なにも知りませんでしたので、私の中で私のために、至高の主が働いて下さったことによって、埋め合わせをいたしました。このことで私は、特別な喜びを感じましたが、それと共に肉体の方は、何らかの苦痛を伴いました。それで、私は歌いました。

わが愛の、妨げられれば妨げられるほど、
燃え上がる、ただ一つのもの。
夜も昼も、わが魂を悩ませる、

だれとて、それを除き得ん。
わが苦しみの多ければ、
われ融《と》け合わん、み心にこそ。

40 侮辱と自己放棄への飢え

私の本性の感受性は、侮辱や自己放棄を強烈に感じますけれども、私は、それらに対して飽くことを知らない飢えを感じていました。

神なる主は、私にお手伝いの人を獲得するよう絶えず急《せ》き立《た》てられました。なぜなら、長上は、私が望んだこの人々を、得ることが相応《ふさわ》しくないとして、拒否されましたけれども、他方、私が期待しなかった人々が私に与えられました。そしてその人々は、私のやり方に全く反していたので、私は散々《さんざん》に責付《せっつ》いて、良き主にお話しすることを強要いたしました。

「ああ、私の神よ、私の助けにお出《い》で下さい。あなたは、これらをお与えになった元《もと》でいらっしゃいますから」

主は、私がこう言ったとき、次のことを言われました。

「だから、あなたは、私なしには何もできないことを知りなさい。あなたの無とあなたの弱さが、いつも私の力の中に深く沈んでいる限り、私は、あなたにどんな援助も欠かさせないでしょう。」

41　自然的な嫌悪に対する努力

そこで、私は、力を越えるように思われたことで、また実際、私に主のお約束の効果を感じさせられた一つの自己放棄の時のことを話しましょう。

それは、わたしたちの家族全体が、自然的に非常に嫌っていたものでしたので(24)、弟が取り上げた事ですが、私の受け入れの契約をする時、私がそれを決して強要されないということを加えることでした。問題は、それ自体、大したことではありませんでしたので、同意してくださるのに問題はありませんでした。

けれども、このことは、私が果たさなければならないこと、そのものです。なぜなら、修道院の方々は、私がどんな解決をしたらよいか分らないその点を、あらゆる面から強く追求しましたので、私の命を千回も犠牲にする方がもっと易しいと思われました。そしてもし私が、私の命より以上に、私の召出しを大切にしていなかったなら、私は、むしろ、修道院の方々が、私に対して望むことを行なわせようとする解決態度に、見切りを付けてしまったことでしょう。けれども、私の抵抗は無駄でした。それは、至高の主が、この犠牲を望まれましたが、この犠牲に非常に多くの事が、関連していたからです。

三日間、私は、たくさんの方々の、特に修練長さまの同情を頂いたほど、激しく努力して闘いましたが、彼女の前では、当初から彼女が私に話されたとおり行うことを自分の義務としました。そしてそれにもかかわらず、私には勇気が足りず、また、私の自然の嫌悪を克服することができないことになって、死ぬほど悲しかったのです。そして私は、言いました。

「ああ、私が従順に欠けるよりも、むしろ私の命を奪い去ってくださいますように」

これに対して、修練長さまは、私に答えられました。

「お行きなさい。あなたは、従順を実行する値打ちがありません。そして私は、あなたに命令していたことをあなたがするのを、今、お断りします」

これは、私にショックでした。私は、直《す》ぐに言いました。

「死ぬか、打ち克《か》つかの、どちらかしかありません」

私は、自分のいつもの避難所、至聖なるご聖体の前に行きました。そこで、私は、涙を流し、悲しみ歎《なげ》きながら、三、四時間、留《とど》まりました。私が勝つための力を与えられますように。

「ああ、わたしの神よ、あなたは、私をお捨てになられたのですか？　また、どうしてでしょう。私の犠牲には、自分のために、何か取っておくものがあったのは確かです。これが、完全なホロコーストの犠牲にならなかったのは確かです」

けれども、私の神は、主に対する私の愛の忠実さを、最後まで押し進めることを望まれ、――主が私にこれ以来、これを見せられたように――主は、私の自然的な嫌悪と、卑しい奴隷の身分になられた神の愛との間の戦をご覧になって、楽しんでおられました。けれども、ついに主は、勝利を得られることになりました。それは、次の言葉以外に何の慰めも武器もなかったからです。

「愛にあっては、どんな例外も許されない」

私は、修練長さまの前に跪《ひざまず》くために行きました。彼女が、私に望んだことを果たす許しを、憐《あわ》れみを乞《こ》いながら願うためでした。そしてついに、それを果たしました。私は、これほど大きな嫌悪を、その後、決して感じませんでしたが、私がそれをしなければならなかった度ごとに、繰り返し約八年間、それが続きました。

＊24註　チーズのことであった。(訳註　彼女はチーズが嫌いだったようである。)
＊訳註　ホロコーストは全燔祭という犠牲で、すべてを火で焼きつくすもの。

42　犠牲以後の恩恵の増加

この最初の犠牲の後に、至高の主のすべての恩恵と寵愛《ちょうあい》は、私の霊魂に、二倍になり、洪水のように溢れましたので、私は、しばしば次のように言わなければならないほどでした。

「ああ、私の主よ、私を沈めてしまいそうなこの洪水をお止め下さいますか、あるいは、それを受け取るために私の容量を拡げてくださいますよう」

けれども、私は、それを表現することができなかったほど大きな純粋な愛による寵愛《ちょうあい》とその豊かさのすべてを記すことを、ここで割愛致します。

43　彼女の召命が恐れられたこと。イエスのお答え

この上に、親戚《しんせき》の人々は、私の誓願が近くなりますと、再び追求してきました。人々は、私が訪問会の精神を獲得するのに適していなかったように見えると言いました。訪問会は、すべての、このような誤りと錯覚に陥りやすい道を恐れ

ましたから。

そこで、私は、私の至高の主に嘆きながら、進言致しました。

「ああ、私の主よ、あなたは、とうとう、私を追い出されることになるのでしょうか？」

これに対して、主はお答えになりました。

「あなたの院長(25)に言いなさい。あなたを受け入れることに何の問題もありません。私は、あなたのために答えましょう。もし院長が私のことを負債と思うなら、あなたの担保となりましょう」

そして報告をしたとき、院長さまは、確実さの証拠《しょうこ》として、すべての戒律《かいりつ》の正確な遵守《じゅんしゅ》によって、この聖なる修道会のため、主が私を役立つものにされるよう求めることを命じられました。これに対し、優しき、善き主は、お答えになりました。

「私の娘よ、それでよい。私は、あなたにこのすべてを与えましょう。なぜなら、私は、あなたを、院長が考えるより以上に修道会に役立つものにするでしょうから。けれども、それは、まだ私だけしか知らない方法で行われます。また今後は、私の恩恵を、戒律の精神に合わせ、院長の意向に合わせ、またあなたの弱さに合わせましょう。他の何ものよりも優先するように、私が望んでいる規則の正確な遵守《じゅんしゅ》を疎《おろそ》かにさせようとするすべてのことを、あなたは、警戒するように。

さらに、あなたの上役たちが、私の命じたことを禁じたときに、あなたが私よりも、あなたの上役の意志の方を選ぶことに、私は満足しています。彼女らが、あなたに必要とすることすべてをさせなさい。私は、私の計画に対立したり、正反対であるように思われる方法によってさえも、私の計画の実現をさせることは、簡単にできるでしょう。そして私は、私のためにあなたの内的なもの、特に、あなたの心の指導のみを留保しましょう。この心に、私の純粋な愛の王国を確立したなら、私は、決して他のものにそれを譲り渡さないでしょう」

修道院長さまと修練長さまは、この約束ごとが、真理から出たみ言葉であるということを疑うことができなかったほど、明白であったことに満足なさいました。なぜなら、私は、内的に不安を感じませんでした。そして私の唯一の願望は、このように行うことにおいては、私が経験しなければならないかも知れない何事にも、従順であることだけにかかっていました。

けれども、この尊敬と称賛《しょうさん》の言葉は、私のために耐え難い殉教でした。そして私は、そのことを自分の罪の正義の懲罰《ちょうばつ》と見なしましたが、これは、非常に大きなものに見えましたので、すべての想像できる限りの苦悩が、罪の償いのため、また神の正義を満たすために耐え忍ぶことの方が甘美《かんび》に思えるほどでした。

＊25註　メール・マリー・フランソワ・ド・ソーメーズ、ディジョン修道院の修道女、一六七二年被昇天の祝日に、パレー修道院に転任

44　修道誓願　一六七二年十一月六日

ついに、これほど待ち望みました聖なる誓願の幸福が到達しました。神なる主が、その花嫁として、私を迎え入れることを望まれたその日がきましたが、それは、表現し尽くすことができないと感じるほどでした。主が私を飾られ、タボルの花嫁のように私を扱われましたとだけしか言うことができません。私にとって死より冷酷だったことは、私が直視していました、カルワリオの丘の上での、全く醜《みにく》い、引き裂かれたみ姿の私の花婿と似ているものを、何も見なかったことでした。けれども、主は、私にいわれました。

「これからのそれぞれのことを、その適時に私に行わせなさい。というのは私は、あなたが今のところ、私の愛の玩具《がんぐ》でいることを望んでおり、この愛は、子供たちが人形を扱うように(26)、思うままに、あなたで遊びたいからです。そしてあなたは、このようにしてあなたの苦い経験を通じて、私を満足させながら、いろいろ見ることも、抵抗もなしに、委《ゆだ》ねられたままでなけ

ればなりません。けれども、あなたは、それによって失なうものは何もないでしょう」

主は、もはや、私から離れ去られることはないと約束され、言われました。

「いつでも、私を迎え入れる用意が整えられているように。それは、これからは、あなたと話し、語り合うために、私をあなたの心に住まわせてほしいからです」

＊26註　マルガリタ・マリアにとっては、人形であり、ベルナデッタにとっては、箒、リジューのテレジアにとっては、ボールであった。これらは、神の愛に生きる霊魂の態度をイメージしている。

＊訳註　タボルの山でイエスは、最高の栄光の姿でお現れになった。そこで、タボルの花嫁は、栄光の輝かしさを表現すると思われる。

45　神である主の神秘的現存

その時から、主は、私に、まだ経験したことのないような方法で、神の現存の恵みを与えられました。というのは、私は、今まで決して、その効果を伴うこれほど大きな恩恵を受けたことがありませんでしたが、その恩恵は、それ以来、たえず、私の中に効果を及ぼしました。

私は、主を私の近くに見、感じ、そしてもし、それが私の体の感覚に属するものとしても、ずっと良く主の声を聞きました。――このような体の感覚によるなら、そのことの方向を変えるため、私の気をそらすことができたでしょうが――けれども、私は、私が全く関与していないこの感覚を、妨げることができませんでした。それは、私に非常に深い消滅の感覚を心に植え付けられましたので、始めは、私が自分の無の深淵《しんえん》に落とされ、無に化されたように感じたほどでした。そしてここから、私は、それ以来無限の偉大さに対する尊崇《そんすう》の念によって、抜け出ることができませんでした。この偉大さの前に、私は、いつも地に頭をつけて平伏《ひれふ》し、あるいは、跪《ひざまず》くことを望んだほどでした。

それ以来、私は仕事や私の虚弱さが許す限りそうしました。それは、主は、決して、恭《うやうや》しさの足りない姿勢で、私に休息をさせられませんでした。また、私がだれかと一緒にいるときでなければ、主は、私を座らせることをも、敢《あえ》ておさせになりませんでした。これは、私の無価値さを洞察させるためであり、主は、いつも、私にこの無価値さを非常に大きくお見せになったので、私は激しい当惑を見せるしかないほどでした。この当惑は、人が私を軽蔑《けいべつ》し、卑しみ、そして侮辱するため以外には、私についての記憶をもたないことを、私に熱望させました。私にはこのことだけが義務であり、そして私の本性がうぬぼれに愛着しているのに、人々から、私がこれほどにして頂きましたので、この私の霊魂のただ一人の愛であるお方は、非常に喜んでおられました。それで主は、他の修道女の間で、私のために矛盾相克《むじゅんそうこく》、屈辱、卑しさを示す機会になることの外、なにも見いださせるようなことをされなかったほどでした。このようなことが、私の栄養ある食物であるよう望まれました――その何ものをも、主は私に不足させられることはありませんでしたし、これで充分とも言われませんでした。けれども他方、主はご自身を修道女の中にも、私の方にも、なくてはならないものとされました。けれども、主よ、あなたがそこに介入されるとき、それは、非常に強く感じる方法でありました。そして私が、ここでその説明をするのは、かなり冗長《じょうちょう》になるでしょう。

46　二つの聖性、愛と正義

主は、私と会話をされる栄誉をお与えになりました。それは、時として、一人の友人のように、あるいは、激しく愛し合っている配偶者同士のように、あるいは、独り子への愛に傷ついた父親のように、あるいは他の役割のようにですが。これが私の心の中に作られた効果について、お話することは控えさせて頂きます。ただ私は、主がこれによって二つの聖性を明らかにされたと言いましょう。その一は、愛の聖性で、他は、正義の聖性です。両方とも、それらの在り方においては厳格なものです。そしてそれらは、絶えず、私に実行されることになるでしょう。

前者、すなわち、愛の聖性は、私が、苦しみの環境に拘留《こうりゅう》されている聖なる霊魂を助けるため、耐えるのが非常に辛《つら》い、煉獄《れんごく》を経験させられるでしょう。霊魂たちは、そこに留《とど》まり続けているのです。——主が望まれるところによって、——そこに、主は、私を差し向けることをお許しになられました。

そして後者の、罪人たちにとっては、それほど恐るべきである、当《まさ》にぞっとするほどの正義の聖性は、私を罪人たちのために苦しませながら、私に、その正義の厳正さの重みを感じさせました。そして

「特に、私に奉献された霊魂たちのため、次のときに私は、あなたが私の愛のために苦しむのに適していることを示し、感じさせましょう」

けれども、ああ、私の神よ。あなたは、あなたの至高のご威光とこの貧しく、価値のない奴隷との間に、あなたの愛とあなたの恩恵が常に働いたおかげで、それ以来起きたすべてのことを、私が書き表すのに無知であり、力のないことをご存知でいらっしゃいます。最も理解の易しい、そして感動をあたえるものについて、幾分かでもお話しできるような手段をお与えください。そしてこの幾分かの

ことは、どれほど自由の行き過ぎが、これほど惨めで、価値のないものに対する愛をもたらしたかを、知らせることができますように。

47　神の導きに対する抵抗

けれども、私は、院長さまにも、修練長さまにも、何も隠しませんでしたが、私が彼女らに話したことは、自分が理解しなかったということもしばしば起きました。それで、彼女らは、私がセント・マリーの娘に固有でない、異常な道にあると認めさせましたので、そのことは、私を深く悲しませました。そしてこの異常な道から引き下がるため、私がしなかったような抵抗はないほどでした。けれども、それは、無駄でした。なぜなら、この霊は、すでに私の上に王国を築いておられましたので、私は、それ以上なにをすることもできず、さらに他の私の内的な能力は、もはや、主の中に吸い取られてしまったと感ずるほかはなかったからです。

私は、違ったやり方で教えられた祈りの方法に従って、身に付くよう、私の全力を尽くしましたが、私の霊には何も残りませんでした。私は念禱の要点を立派に読みましたが、すべては、消え去ってしまい、そして私の神なる主が私に教えられたこと以外、何も理解せず、何も記憶に保つことができませんでした。これは、私を大変苦しめたことです。なぜなら、長上は、私の中で、主のすべての働きを可能にしたのと同じだけ、それを失わせてしまい、そして私にもそうすることを命じられました。私はできる限り、主に対して抵抗して、従順が主の御力から私を引き離すために、私に命じられたことすべてに正確に従いました。けれどもこの主の御力は、私の努力を無駄なものとされました。それで私は主に不平を言いました。

「ああ、何ということでしょう。至高なる主よ、なぜ、セント・マリーの娘たちの普通の道に私を放って置かれないのでしょう？　あなたは、私を破滅させるため、あなたの聖なる家に連れて来られましたのでしょうか？　私よりももっと相応《ふさわ》しく、もっとあなたに栄光を与えるように選ばれた霊魂に、この特別な恩恵をお与えください。私は、ただあなたに抵抗することしか致しません。私は、あなたの愛とあなたの十字架しか望みません。それは、私が良い修道女であるために十分ですし、それは、私が切望するすべてでもあります」

主は、答えられました。

「私の娘よ。一緒に戦いましょう。私は、これに満足しています。そして誰が勝利を勝ち取るか見ましょう。創造主か、あるいは、その被造物か？　力か、あるいは、弱さか？　全能なるものか、あるいは、無力なものか？　けれども、勝利者であるものは、常に勝利者であるでしょう」

このみ言葉は、私に大きなショックでした。そこで、主はお話になりました。

「従順によってあなたが私に行う、これらのすべての争いと反対によって、私が全く害されていないことを知りなさい。私は、従順のために自分の生命を与えたのですから。けれども、私は、私の賜物《たまもの》と私の被造物の絶対の主であるということを、あなたが知ることを望みます。しかも、何ものも、私の計画が成し遂げられることを阻止することはできないでしょう。それ故に、

単に私は、あなたの長上たちが言うことを、あなたが果たすことを望むのみならず、また更に、私が彼女らの同意なしに、わたしがあなたに命令することすべても、するべきではないと望みます。なぜなら、私は従順を愛し、従順なしには、だれも私の気に入ることができないからです」

このみ言葉は、私の長上に、私をその権力に委《ゆだ》ねさせるものでした。これは、大きな喜びと平和をもって行ったことですが、残忍な独裁に耐えていた私の霊魂の中に初めて感じた喜びと平和でした。

48　主が望まれた新たな委託

聖体拝領の後に主は、私の自由と私の存在全体について、すでに主に対して行っていた奉献を、更新するよう望まれました。それは、私が全く自分の心を捧げることでした。

私は、主に言いました。

「ああ、至高の主よ、私が人々の前で大きな侮辱と軽蔑《けいべつ》を受け、評価を落とすことができること以外は、どんな異常なことも私に現れることがなければ、そして私を長上の評価で破滅させられることがなければと思います。ああ、私の神よ、なぜならば私は、私の弱さを感じます。そしてあなたに惹《ひ》かれるのを恐れます。それに、あなたの賜物《たまもの》が、安全に、私の中に留まらないことを恐れています」

主は、答えられました。

「何も恐れないように、私の娘よ。私はこのことでよき秩序をあたえるでしょう。それは、私が自らそのことの守護者となり、あなたが私に反抗することをできなくしますから」

「ああ、一体なぜでしょう、私の神よ、あなたは、常に私を苦しみ無しで生きさせるのでしょうか？」

49 「完全に純粋の十字架のみ」という抑え難い願望

始めに、大きい十字架が私に見せられましたが、十字架の端を見ることはできませんでした。けれども、十字架は、すべて花で覆《おお》われていました。

「ここに、私の汚れがない配偶者の十字架のベッドがあります。そこで、私はあなたに私の純粋な愛の喜びを味わわせるでしょう。少しずつ、十字架を覆っているこれらの花は、落ちるでしょう。そして今は、あなたの弱さのために隠されている刺《とげ》だけが、あなたに残されることになるでしょう。にもかかわらず、刺《とげ》は、あなたに、その刺し傷の痛みを生き生きと感じさせるでしょうが、それは、痛みを耐えるため、私の愛の助けが必要となるほどです」

これらの言葉は、私を非常に喜ばせましたが、私がもっていた燃えるような渇きを癒すため、決して充分な苦しみ、侮辱、軽蔑《けいべつ》がなかったことを考え、また、私が十分に苦しんでいないと感じたよりも、大きな苦しみを見つけることもできなかったことを考えたからです。なぜなら、主の愛の喜びは、昼も夜も、私に全く休みを与えませんでしたから。

けれども、これらの甘味さは、私を苦しめました。私は、全く純粋の十字架だけを望みました。そしてこのために、私は、毎日、苦行と仕事で打ち拉《ひし》がれている自分の姿を見ることを望みました。私は、この苦行や仕事を私の力が及ぶ限り、取り上げました。なぜなら、私は、苦しみなしでは一瞬も生きることができませんでした。私が苦しめば苦しむほど、私は、もっとこの愛の聖性に満足しました。そしてそれは、絶え間なく苦しんだ私の心に、三つの願望をかき立てました。その第一が苦しむこと、第二は、主を愛し、聖体を受けること、第三は、主と一致するため、死ぬことでした。

50　誓願の黙想　十字架の愛

私は、至高の主が至る所で私と一緒におられるようになって以来、もはや時間も場所も心配しなくなりました。私について長上が行った仕事の配置について、私はまったく不偏の心でしたが*、これは、もちろん私の方にどんな功績もありませんのに、主の純粋なご慈愛によって私に与えられました。したがって、長上が私からその仕事を取るようなことができなかったのも確かです。これはどこででも私に満足を与えました。

私が、体験したことというのは、公式誓願の前に黙想会をしていたとき、庭でロバとその子ロバを見張っていたのですが、ロバは、気ままで、私にわずかな訓練もさせなかったのでした。なぜなら、私は、それらを、馬小屋に繋《つな》ぎ止《と》めるのを許されず、また、庭を荒らすのを恐れて、しるしを付けた小さい隅に、置いておくことを命じられました。ロバは、走ることしかさせませんでした。私は、夕食に行く夕方のアンジェルスのときまで、休みなく見守っていました。それから、朝課のときに、ロバに餌を食べさせるため、馬小屋に連れ戻しました。

そして私は、これが一生涯続いても、少しも気にならないこの仕事に、非常に満足していました。私の至高の主は、私をそれほど誠実な仲間とされ、私がするべきすべての修練は、私の妨げにはなりませんでした。なぜならそれは、今まで一度も類似した同様な経験をしたことがなかったほど、大きな恩恵を受けたことが、この場所でありましたから。それは、特に、主の聖なる受難と死の神秘の深い理解ができたことです。けれども、これは書くことがむずかしく、そしてあまりにも長いので、それを書くことに、全く気が進みません。けれども、それは、苦しむことなしに、一瞬間も生きることができないほど、大きな十字架への愛を与えられた経緯《いきさつ》であるとだけ申しましょう。それも、慰めもなく、安らぎもなく、同情もなく、沈黙の中で苦しみ、そしてあらゆる辱《はずか》しめと苦悩と卑《いや》しめと忘却と軽蔑《けいべつ》のもとに打ちひしがれて、私の霊魂の至高のお方と共に死ぬことでした。これは、私の生涯の間、続きましたが、それは、すべて主の慈悲によって、純粋な愛の訓練である、このような霊的訓練の時に行れました。そして主は、決して「もはや充分」とはいわれないで、その味わいに美味《おい》しい料理を、豊かに私に供されるよう、常に気遣われました。

＊訳註　不偏の心という意味は、従順と関係があり、自分の望みからどちらにも偏らず、しかも大いに関心をもって待っている状態である。辞書には、無関心と書かれているが、適切ではないと考える。

51　神の聖性へのご要望

あるとき、私の神である主は、私に次の教えを与えられました。

主は、私の行ったある欠点について、話されます。

「私が聖なる主であり、また、聖性を教える者であることを学びなさい。私は純粋であって、しかも最もわずかな汚点も我慢することができません。これが、私の現存するとき、正しく、純粋な意向をもって、心の単純さの中に、行動をしなくてはならない理由です。なぜなら、私は、最も小さなことも曲《まが》ったことを我慢することができないからです。また、私の多すぎるぐらいの愛が、私のやり方で、また私の計画に従って、あなたを教え、仕込《しこ》むため、あなたの修練長を私の方に向き直すよう仕向けたとしても、私は、生温《なまぬる》い、無気力な霊魂を許容できないことを、あなたに解らせましょう。そして、もし私があなたの弱さを受け入れるのに緩やかなら、私は、あなたの不忠実を正し、罰するのに、もっと厳しく、厳密にするでしょう」

これは、主が、私に生涯経験させられたことでした。なぜなら、私は、常に主の無限の慈悲と善性のうちにありながら、主より叱られたり、罰せられたりしないで、我意とか不注意とかのたとえわずかでも、主は、最も小さい欠陥を通り過ぎることをさせられなかったと言うことができます。

しかしながら、主が、たとえわずかでも私に対し気を悪くされるのを見ること以上に、私にとって苦しく、恐ろしいことはなかったと告白いたします。その他のすべての苦痛、譴責《けんせき》、自己放棄の苦行は、これに比較すれば、何でもありませんでした。主は、私を長上のところへ、迅速に過ちの償いを求めに行かせました。なぜなら、主は、長上への従順が、私に命じるものに満足されましたので。

52　我意にもとづく働きの除去

主が最も厳しく叱責《しっせき》されたことは、至聖なる秘跡のみ前で、特に教会の祈りと念禱のときの敬意と注意の欠如でした。それは、意向の正しさと純粋さについての欠点であり、虚《むな》しい好奇心でありました。そして主のはっきりご覧になる、純粋な目は、隣人愛について、謙遜《けんそん》について、それらを厳しく矯正《きょうせい》するため最も小さい欠点に至るまで、見つけられるのですが、それにもかかわらず、どんなことでも、長上に対してであれ、規則に対してであれ、従順の不足とは、比較することができません。そして長上への嫌悪のしるしをもつ、最も小さな応答は、それが修道女の霊魂の場合、主には耐えられません。主は、私にいわれました。

「あなたは、これらの行いと自己放棄の苦行によって、私の気に入ることができるようにと考えて、自分を騙《だま》しています。我意は、こういうことについて選択をしながら、自分が噛《かじ》りついたものを放すよりは、むしろ長上の意志を屈服させます。ああ、知るがよい。私は、我意を守って腐ってしまった果物のような者すべてを、投げ出すということを。我意というのは、修道者の霊魂においては、私が憎悪するものであることを。そして修道女が、我意によって厳格さと断食に圧倒されるよりは、従順によって小さな身回り品を揃《そろ》

える方が、まだ承諾できます」

そして私が、主のご命令、あるいは、長上の命令でなしに、このような自己放棄と償いを、自分自身の選択によってすることがあるとき、私が主にこのことを申し出ることさえも、主はお許しになりません。そして主は、私に罰を課されて、正されます。同様にその他の欠点のためにも、私を神の現存、神との交流、神のお働きに値しないことを減らすため、私を浄化する煉獄《れんごく》の中で、主の特別な懲罰の対象になっているその一つ一つの欠点のすべてを、正されます。なぜなら主は、私の中にあって、すべてを行われるのです。そして昔のように、私のため長上が与えた償いのアベ・マリ・ステラの一回が終わったときに、主はいわれました。＊

「これは、私の分です」

けれども、私は、もっと続けていましたとき、

「いま、あなたがしているものは、悪魔のものです」

この言葉で、私はすぐに止めました。別のときは、煉獄《れんごく》の聖なる霊魂たちのためにしていたことです。私が許可されなかったほど、多くしようと望んだとき、聖なる霊魂たちは、私がかれらを打ったと不平を言って、私を囲みました。このことは、私に、従順の範囲をほんの少しでも踏み越えるより、むしろ死ぬことを決意させました。主は、その後で、私にこのことの償いをさせられました。

けれども、何も私に難しく思われませんでした。なぜなら、主は、まだその時には、苦痛や苦悩の厳しさを、愛の甘さの中にすべて吸収させたまま、保っておられたからです。私は、主の不安、遺棄《いき》、断末魔《だんまつま》の苦しみ、汚名やその他の苦悶《くもん》の苦《にが》さを味わわせていただくために、しばしば、主に、この愛の甘さを、私から取り上げてくださるように嘆願いたしました。けれども、主は、私に答えられ、私が、いずれかに偏《かたよ》ることなく、主のいろいろな裁量《さいりょう》にお任せして、主に自己主張の条件を持ち出さないようにといわれました。

「こののち、私は、あなたにとっては賢明な、博識の指導者でありますが、霊魂たちが自分を忘れ、私に対して自己を委《ゆだ》ねるとき、私がこの霊魂たちを危険なく導くことのできるものであることをあなたに解らせましょう」

＊訳註　「アベ・マリス・ステラ」は、「賛美されよ、海の星」という言葉で始まる、クレルボーの聖ベルナルド作のラテン語の聖母賛歌の祈りである。

53　キリストのみ心の最初の顕示　一六七三年十二月二七日

あるとき、少し暇ができましたので、ご聖体のみ前におりましたとき、――それは、私に与えられた仕事が、私にほとんど自由な時間も与えませんでしたので――神の現存に、全く潜心しておりましたが、私自身も、私が今いる所も忘れてしまうほど強く、熱中しておりました。そして私は、主の愛のみ力に私の心をお渡しし、この神の霊に自分を委ねておりました。

主は、私をその聖なる胸の上に、長い間休ませられました。そこで、主は、私にその愛の驚異すべきこと、その聖心の言い表し得ない秘密を明らかにされました。主は、これらの秘密が、最初に私に開かれるまでは、私に対しつねに隠しておられました。けれども、これは私には疑う余地のないほどリアルな、そして感覚的に解りやすい方法によって、またこの恩恵の働きが私のなかに作った効果によってですが、それにも拘わらず、私に起っているという今までの私の発言のすべてが、思い違いであることを私はいつも怖れております。

それで、ここに起ったように私に思われることがあります。主は、私にいわれます。

「神である私のみ心は、人々のため、また特に、あなたのため、それほどの愛で燃え上がっているので、もはや自分自身の中にその燃えている愛の炎を、保っていることができないほどになっています。それで、あなたを使ってこの愛を広め、あなたの中に見つけるような貴重な数々の宝石で、かれらを豊かにするために、人々に私のみ心自身を示さなくてはならないのです。また、この宝石は、破滅の淵《ふち》から、かれらを引き上げるための成聖と救いに

必要な恩恵を含んでいます。それで、私は、すべてのことが私によって達成されるためのこの大きな計画の遂行のため、恥と無知の深淵《しんえん》のようなあなたを選びました」

54 「聖心の非常に愛する弟子」

その後、主は、私がお取り下さいと願っていた私の心を、ご要求なさいました。そこで、主がなされたこととは、それを礼拝すべきご自身のみ心の中におかれました。その中で、私の心が、この燃える炉の中の燃え尽きた小さなアトムのようになっているのを、お見せになりました。そこから、私の心は、心臓の形をして燃える炎のようになって引き出されましたが、主は、次のように言われながら、それを、元のところに、戻されました。

「私の非常に愛する人よ、さあ、ここに私の愛の大事な担保《たんぽ》があります。その担保は、あなたの心を使うために、また、あなたを最期《さいご》のときに至るまで

使い尽くすために、あなたの胸の中に、もっと生き生きとした神のみ心の炎の火花を、閉じ込めます。この火花の熱さは、消滅することはないでしょうが、み心の炎の火花の熱さは、あなたの血の犠牲だけによって、わずかな涼しさを感じるだけでしょう。けれども、血の犠牲に関して、非常に私の十字架の血が不足しているので、私の十字架は、あなたに安らぎではなく、もっと多くの侮辱や苦痛の十字架を運んでくるでしょう＊。これが、あなたに命令されたこと(27)を実行するため、また、侮辱の十字架の上に、あなたの血をまき散らす慰めをあなたにあたえるため、あなたが十字架を単純に求めてほしいという理由です。そして私が、あなたに与えることになる偉大な恩恵が、まったく想像ではありえない証拠として、また、この恩恵が、私の、あなたにこれから与えるすべての恩恵の基礎である証拠として、私は、あなたの脇腹《わきばら》の傷を再び閉じますが、その苦痛は、あなたに、日々残り続けるでしょう。そしてもし今まで、あなたが私の奴隷という名しか取っていないとしても、私は、あなたに、聖心の非常に愛する弟子の名を与えます」

私が天にあったのか、地にいたのかを知らないほど長い時の空間《へだたり》(28)の、これほど大きな主のご厚意の後に、私は数日の間、ぼんやりして、酔ったように暮らしていました。そして私が一つの言葉を口にするよう気を取り戻すのに、無理やりするしかなかったほど、自意識を離れていました。その後、休養するとか、あるいは、食物をとるとかするために、自分の苦痛を乗り越える力が限界一杯であると知らなければなりませんでした。このことは、私に特別な屈辱の原因となりました。その上、私は眠ることができませんでした。なぜなら、この傷は、痛みがそれほど私に貴重なものですが、それほど生々しい火を燃やすので、その火が私を焼き尽くし、私を全く生きたままで焼くほどです。

私は、偉大な神の充満を感じましたが、それは、私がそれを望み、行ったようには、長上に、いろいろな苦痛や恥ずべきことなど説明できないほどでした。このことは、この恩恵が思い出させたもので、このことを話しながら、自分の無価値さのために、むしろ人々の前に千回も自分の罪を告白したかったぐらいです。食堂で、私が、総告白をし、声を出して読むのを許されたなら、それは、私にとって大きな慰めであったでしょうに。それは、私の中にある腐敗の深さをお見せするためです。つまり、私が受けたどんな恩恵も、私のものに帰せられることがないために。

＊27註　訪問会の修道女には、会憲の中で、「なにかの必要性があると信ずる」とき、必要であると考えることを長上に、信頼をもって要求することが奨められている。

＊28註　この空間は、当時時々女性に見られた。

＊訳註　血とか犠牲とかは、日本人にはあまり縁のなかった考え方であるが、ヨーロッパ人には、感覚的によくわかる考え方なのであろう。血は、命の一部のように考えられ、血を捧げることは、自分の命を捧げることに繋《つな》がるように思われる。

55　月の第一金曜日のビジョン

私の脇腹の苦痛についてお話しすることは、次のような方法で、毎月の第一金曜日に、私に繰り返されたことです。

この聖心は、四方に輝きを放つ太陽のように私に現れました。その光線は、全く燃えながら、真っすぐに私の心臓の上に向けられ、それは、始めから、私を灰にしてしまうと思えるほどの、燃える火を抱えているように感じました。そして神である主は、私について望むことを教えられ、私にこの愛すべきみ心の数々の秘密を発見させられたのは、特に、この頃でした。

ある時、ご聖体が顕示《けんじ》されている時、その後、私のすべての感覚と能力の異常な精神の集中によって、全く私自身の中に潜心するのを感じた後、優しい主であるイエス・キリストは、私に、五つの御傷が五つの太陽のように輝いて、すべてが栄光に輝いてお現れになりました。そして炎がこの聖なる人間性のすべての部分、とりわけ、イエスの愛すべき胸から燃え出ていました。それは、炉のようであり、そして開かれていて、私に主の最も愛する、最も愛すべきみ心を発見させられました。それは、この炎の生ける泉でした。主は、私にその純粋な愛の言い表し得ない驚異を発見させられ、そして限度を超えてまで、主が人々を愛し続けられたにもかかわらず、主は、人々からただ恩知らずと無理解を得られただけということでした。

56　人々の忘恩を償う

主は、私にいわれました。

「このことは、私が受難の間に苦しんだことすべてよりも、はるかに強く感じられることです。人々が私に若干でも愛の見返りをしたのなら、私がかれらのためにしたことすべてを、ほんの少しと思ったでしょう。そしてもし更に多くをなすことができるなら、そうすることを望みます。けれども、それらは、かれらのためになろうとする私の熱意に較《くら》べれば、冷淡で、屑《くず》でしかありません。しかしそれでも、少くとも、あなたにできる限り、かれらの忘恩を償って、私を慰めて下さい」

そこで、主に私の無力をお話ししますと、主はお答えになりました。

「さあ、あなたに足りないことのすべてを、どのように補《おぎな》い償うのかをみなさい」

そして同時に、神のみ心を開かれながら、主は、それが燃え尽きてしまうと思ったほど、燃え立った炎が生じていました。その炎で、私が燃え尽きると思ったのは、私が全く透明になったからです。それで私は、主に憐《あわ》れみをお願いしたとき、炎はもはや保たれず、やみました。

57　イエスのお望み。度々の聖体拝領と聖時間

主は、私にいわれました。

「私はあなたの力であるでしょう。何も恐れないように。けれども、私の声に注意深くありなさい。そして私は、あなたが私の計画の遂行の覚悟をもつよう要求していることに注意を払ってください。第一に、あなたは、従順がそれを許すなら、聖なる秘跡に在す私を拝領するように。そしてあなたに与

えらるべきある自己放棄あるいは屈辱を受けるように。これらは、あなたが私の愛の担保として受け取らなくてはならないものです。

あなたは、その上、毎月の最初の金曜日に聖体拝領するように。

そして木曜日から金曜日にかけての毎夜、私がオリーブの園で感じることを強く望んだこの耐え難い死の悲しみに、あなたを与らせよう。そしてこの悲しみは、それをしずめることができない上、あなたを死よりも一層過酷《かこく》な、一種の断末魔《だんまつま》の苦しみに追いやるでしょう。それで、私がその断末魔の時に私の御父へ申し出た謙虚な祈りに伴うため、あなたは、十一時と真夜中の間の一時間、私と一緒にひれ伏すため起きるように。顔を地に付け、こうして神の怒りをお宥《なだ》めするため、罪人たちのための憐れみをお願いしながら、なんらかの方法で、私が使徒——かれらは、私とともに一時間目覚めることができなかったことを、叱らなければならなかったのですが、——この使徒たちからの遺棄《いき》を感じたあの苦しみを、和らげるためにです。そしてこの時間には、あなたは、私が教えることを果たすでしょう。

けれども聞いてください。私の娘よ。気軽に、霊であれば、何でも信じるようなことをしないこと、そしてそれらを頼りにしないように。なぜなら、サタンは、あなたをだまそうとして狂ったようになっているからです。これは、従順の権威をもって、あなたを導く人たちの承認なしに、何もしてはならないことの理由です。それで、サタンは、あなたを陥《おとしい》れることができ難《にく》いでしょう。なぜなら、サタンは、従順な人たちの上に何の力ももっていません」

58　試練　屈辱と病気

それから、長上は、この無意識状態から私を引きだしに来たのですが、この間、私は何も感じず、自分がどこにいるかも知りませんでした。それで私が答えることもできず、どうにか自分で立っていることさえできないのを見て、人は、私を院長室(29)に連れていきました。院長さまは、私が自失しているのを見て、非常に激しく震えながら、私を押し倒して、床に跪《ひざまず》かせ、彼女の力の最大限で、私に殴打の侮辱を加え、そして卑しめました。これは、私を愉《たの》しませ、私の大きな喜びとなりました。なぜなら、私は、自分がこれほど罪深く、恥べきものと感じていましたので、厳しい処遇を、私に実行されることがあったとしても、私には、非常に穏やかなものであるように、思えたほどです。そして私が彼女に話した後、非常な混乱をもって、起こったことだったのですが、彼女は、なおも私をより一層、卑しめるのに夢中になりました。主が私にすることを望まれたと信じるすべてのことを、この度は、私に全く認められることもなく、また、私が彼女にいったことすべてを軽蔑《けいべつ》をもって取り扱っただけでした。これは、大いに私を慰めました。そして私は、大いなる平和をもって、引き下がりまた。

それから、私を焼き尽くした火は、まず私を高熱に陥らせました。けれども、私は、苦痛を訴える代わりに、苦しむことに非常に大きい喜びを感じましたが、体力がなくなるまで、何も話しませんでした。――医者は、長い間、私が熱を持ち続けていることを知りました。そして熱は、六十回以上の発作を続けました。私は、決してそれほどの慰めを感じたことがありませんでしたが、それは、私の身体が極度の苦痛に悩みながら、それが、私の受けている燃える渇きを少し和らげたからです。なぜなら、この火をむさぼり食することは、ただ十字架の木からだけ、すなわちあらゆる苦悩、侮辱、屈辱、苦痛によってだけ栄養を与え、満足させたのでした。そして決して私が十分に苦しんではいないと思ったようなことと同じぐらいの苦痛さえも感じたことはありませんでした。長上は、これで私が死ぬものと思っていました。

＊29註　メール・ド・ソーメーズ

59　三位一体のビジョン

けれども、私たちの主は、いつも変わらず恩恵を続けられ、私はそれを受けて、何にも比較できないようなものと思いました。私が捉えられた脱魂の間に、敬愛すべき三位一体の三位の各ペルソナは、私にご自身を顕《あらわ》され、そして大きな慰めを私の霊魂に感じさせました。けれども、永遠の御父は、刺《とげ》が一面に逆立った、非常に大きな十字架を私に提示され、受難のその他の種々の道具も一緒に示されたと思われる以外、その時起こったことを説明することができませんが、御父は、私に言われます。

「見てください。私の娘よ。私は、あなたに私の最愛の御子に与えたのと同じ贈り物を与えます」

私たちの主イエス・キリストは、私にいわれます。

「そして私はといえば、私が、十字架につなぎ止められたように、私は、あなたをそこにつなぎ止めましょう。そして私はそこで、あなたを忠実な仲間と思うでしょう」

そして敬愛すべき第三のペルソナのお方は、私にいわれます。

「愛のみであったものは、私ご自身の中で純化されながら、十字架上で、愛である私を享受《きょうじゅ》しますように」

私の霊魂は、想像できないほどの平和と喜びで満たされました。なぜなら、神の三位のペルソナが、私の霊魂に作られた刻印は、決して消えないものですから。三位のペルソナは、私に、三人の若者の形でお現れになり、白衣で覆われていて、皆、光で輝き、同じ年齢、同じ偉大さ、同じ美しさに見えました。

私は、その当時理解しませんでしたが、後にこのことが、意味していたことは、数々の大きな苦しみのことであったと悟りました。

60 啓示の証拠の要求

それから長上は、私たちの主に健康を求めるよう命じましたが、私は、祈りが聴き入れられないのではないかと心配しましたけれども、従いました。長上は、私の健康を回復することによって、私に起こったことのすべてが、神の霊によって来たものかどうかを、知ることができるといいます。それから、長上は、主が私に命じられたこと、第一金曜日の聖体拝領も、主が木曜日から金曜日にかけての夜を望まれた時間徹夜することも、許可するでしょうと。
私たちの主に、従順によってこのすべてを提示したとき、私は、すぐに私の健康を回復することは、何でもありませんでした。なぜならば、私のよき母である最も聖なる乙女は、私にご出現を恵まれて、私に多くの愛撫(30)をお与えになり、長い間、ご一緒に談話された後で、わたしにいわれました。

「勇気をお持ち。私の可愛い娘。私が、あなたに神である私の御子の命令によって与える健康によって、勇気をお持ちなさい。なぜなら、あなたには、まだまだ、いつも釘と刺《とげ》で突き刺された十字架の上で、また鞭《むち》で痛め付けられていく長い、そして耐え難い道があるのです。けれども、何も恐れないでください。私は、あなたを見捨てないでしょう。私は、私の保護を約束します」

それ以来、この言葉は私に生じた重大時に、聖母が私に強く感じさせられたお約束となりました。

＊30註　8節の5＊註を参照。

61　神の聖性は、いかなる汚れも許されない

私の至高の主は、いつも私にその生き生きした現実的な、感覚で捉えられる神的現存を恵み続けられ、上述のように、主は、この恩恵をいつまでも私に約束されましたので、このみ言葉を守られて、主は私が犯したどんな過失のためにも、決して私からこの現存の恩恵を奪い取られませんでした。

けれども、主の聖性は、私の最もわずかな汚点をも耐えられず、また最も小さな不完全さに至るまで私にお見せになるのですが、――それは、微《かす》かな望み、わずかな無視であっても、最も軽やかな不完全さも容認されない――そして私が意識的でないにしても、多くの過失を犯し、これほど不完全であり、悲惨でありましたので、私が不忠実に引きずられているとき、この聖性のみ前に罷《まか》り出ることは、耐え難い苦しみであると告白します。そして私の霊魂が何かの過失で汚れているとき、聖なる神の現存に耐えること以上に犠牲となるような刑罰はありませ

ん。私は、千回も私自身を燃えている炉に投げ込んだ方がましです。

62　主が見せられた、自分のあるがままの醜い姿

それから、ある時、私自身のことを話しながら、虚栄の衝動に引きずられたことがありました。ああ、私の神。この過失は、どれほどの涙と嘆きをもたらしましたことか。なぜなら、私たちが一対一で対しております時、主は次のように、厳しい顔付で、私をお叱りになりました。

「ああ、塵《ちり》と灰に等しいものよ。あなたは、なにか自慢できるようなものをもっているというのですか？　あなた自身何者でもなく、あなたが、虚無で悲惨に過ぎないのに。あなたが決して見失ってはならないことは、あなたが虚無の淵から出てきたもの以上のなにものでもないことなのに。

そこで、私の贈り物の偉大さがあなたに過小に評価されないよう、またあなたが何であるかを忘れるようにならせないために、私はあなたの目の前に

「あなたの肖像画を置きましょう」

そしてすぐ、私にこの不快な画像を見つかりましたが、そこには、私の存在全体の要約がありました。それは、それほど強く私を驚かせ、――私自身に対する非常な嫌悪で――それは、もし主が私を支えて下さらなかったら、私は深い悲しみで、気絶してしまったことでしょう。私は、それに反して私が自分自身に耐えられないほどですのに、主が地獄の中に私を投げ込まないで、守っておられたこれほど大きな主の善良と慈悲が豊かであることを理解することができませんでした。そして主が、私の虚《むな》しい自己満足の最もわずかな心の動きを、罰せられたときの苦悩がこのようでありましたが、そのことは、私にとって時々主に話す必要があったことでした。

「ああ、私の神。何ということでしょう。私を死なせられるか、あるいは、この画像をお隠し下さい。私はそれを見ながら、生きることはできません」

なぜなら、主は、私の心に自分自身に対する嫌悪と懲らしめの我慢できないほどの苦悩を刻印されました。けれども従順は、この苦悩が暗示していた厳しい遣《や》り方《かた》で、自分自身を扱うことを許さず、私は苦悩を言い表すことができません。そしてこの私の霊魂の主は、従順が私に命じたすべてのことに満足しておられたことを知り、また主は、私が卑しめられたのを見られて、非常に喜ばれたことを知りました。それで、償いの苦行をする許可を受けられるよう、私の過失を告白するのを非常に忠実にいたしました。償いはひどいものかも知れませんけれども、主ご自身、私に課せられた償いが、ただ快き涼しさに見えました。けれども主は、最も浄く、最も完全と思われる方においても欠点を見られました。

これは、主が諸聖人の祝日に私に教えられた事で、わかりやすく次のようにいわれました。

潔白にあっては、何も汚れておらず、
力にあっては、少しも失わず、
この幸せな住処《すみか》にあっては、なにも過ぎ去らず。
そこで、すべてが愛において、完成される。

私に与えられたこれらの言葉の説明は、長い間、私の心をとらえて私に役立ちました。

「潔白にあっては、何も汚れておらず」

それは、私が私の霊魂、あるいは私の心の中で、汚点を認めたままでいるべきではないはずでした。

「力にあっては、少しも失わず」

それは、私が、主にすべてをお与えし、捨てるはずでありました。そして主が力そのものであられ、人が主にすべてをお与えするなら、何も失うことができません。

残りの二行には、天国のことと理解されます。天国では、何も過ぎ去りません。なぜなら、すべては、そこで永遠であり、そこで愛は完成されるのです。

そして主は、私に、その栄光のわずかな一瞥《いちべつ》を同時に見せられました。

「おお神よ。喜びと願望のどんな迸《ほとばし》りの中にも、私を置かないでください」

そしてわたしは、黙想会に参加していましたので、一日中、この言葉で言い表せない喜びで過ごしました。そして私には、喜びが早く進行する以外には、方法がないように思われました。

けれども、私にいわれた次の言葉が私のあるべき姿から非常に離れている事を知らされました。次に、その言葉があります。

あなたの心のため息の虚《むな》しさ、
信じるとおり天の国に入るには。
人が息づくべきこと、それは、ただ、
十字架の道を通ることだけに。

この後、私は全生涯を通じて苦しまなければならないすべてのことを眼下に見せられ、私の全身は、それに震えました。それから生じた出来事によって、それ以来行ったのと同じように。この画像からは、当時それを理解しなかったのですけれども。

63　告白の必要なこと

その上、私は、罪を糾明《きゅうめい》するため大変気掛かりで、毎年の告白を準備していたとき、私の神なる主は、私にいわれました。

「なぜあなたは、あなた自身を苦しめますか？　あなたのできることをしてください。私は、あとの欠けているものを補いましょう。なぜならば、もはや決して私を不快にしないという誠実な意向から、誤魔化《ごまか》すことなく告白し、痛悔する謙虚な心だけを、私は秘跡において望んでいます。そうすれば、私は、遅れることなく赦《ゆる》しを与え、そしてそこから完全な改心が続きます」

64　導く霊について怖れたこと

けれども、私自身とは別個に、私の中で作用し、影響を及ぼされるこの至高の霊が、私の霊的、身体的存在全体の上に、これほど絶対的な支配をしておられました。それで、私の心に喜びや悲しみのどんな心の動きをも惹き起《ひお》こすことは、主が気に入られる範囲以上には、もはや私の力でできることではありませんでした。私の霊が占拠されていて、神が与えられたもの以外には、もはや選ぶことができない状態でした。

けれども、私は、いつも騙《だま》されているという奇妙な怖れに捕らわれました。そしてこれに対して受け取ることのできる、ある種の保証がありました。それは、私を指導した人たち、すなわち、私の長上たちからの保証で、長上が私を試すためのものであり、霊的指導者から与えられたものでは決してありませんでした。彼女らには、承認し、反対する自由がありました。けれども、私の深い悲しみに、私が実際に自分がそうであると思われる錯覚の状態から私を引き戻す代わりに、私の聴罪司祭と他の人たちは、その錯覚の中に、前よりももっと深く、私を押し込みました。彼らは、私にこの霊の力に自分を委《ゆだ》ね、例外なく私自身を導かせるようにといい、そして私がそれを行うとき、それが私に、たとえ悪魔の娯楽と思われても、その動きに従うことだけをしなければならないといいました。

65　罪なき衣服

そこで、私は私の毎年の告白をしました。そうした後で、私は、私自身の服を脱ぎ捨て、それとともに、純白の衣服に着替えたのを感じたように思えました。そして次の言葉を聞きました。

「ここに、私があなたの霊魂に着せる罪なき人の衣服があります。それは、あなたが、もはや人となられた神のいのちしか生きないためです。それは、あなたの中では、あなたがもはや生きていないかのように、私を生きさせるために、あなたが生きるからです。なぜなら、私はあなたの命であり、あなたは、私のうちに、私によってのみ生きるでしょうから。私は、あなたがもはや行動していないかのように、行動することを望みます。そしてすべてについて処理を私に委ねて、あなたの中で、あなたのために、私に行動させ、遂行させることを望みます。あなたは、すべてにおいて、至るところで、あなたのため私に望ませながら、あなたは、意志を持っていないかのように、もはや我意を持っていてはなりません」

66　幸福な生涯と十字架の生涯

あるとき、この私の霊魂の唯一の愛であるお方は、一人の修道女の霊魂として、想像できるかぎり最高に幸せな生活の肖像画を、片方の手に持ってお現われになりました。平和に生きてすべての内的外的な慰め、そして完全な健康は、称賛に結びつき、また被造物や自然に気の合う快い他人を大切に考えます。もう一方の手で、主は、全く貧しく、そして低劣な生活の別の画像をもっておられました。それは、いつも心と体で苦しみ、あらゆる屈辱、軽蔑と矛盾によって十字架に付けられた生活でした。主は私にこれらの二枚の画像をお見せになり、いわれました。

「私の娘よ、あなたに最も気に入る方を選びなさい。私は、あなたがどちらを取っても、おなじ恩恵を与えましょう」


そして主を礼拝するために、その足元にひれ伏して、私は、いいました。

「ああ、私の主よ。私は、あなた以外に何も望みません。あなたが私のためにして下さる選択をお願いします」

そこで、私に選ぶよう強く勧められたのですが、

「ああ、私の神。あなただけでよいのです。私の興味や満足など、お気に掛けられず、あなたの栄光となる最大のものを私のためと思って、してくださいますよう。あなたが満足されることで、私は充分です」

そのとき主は、私に、マグダレナ・マリアもともに、それがいつまでも私の遺産であるので、奪われることがない最良の部分を選択したといわれました。

そして私に、この十字架刑の画像を示されながら、いわれました。

「ご覧なさい。これが、あなたのために選んだものです。私の計画を達成して、あなたを私に似たものとするために、私に最も嘉納《かのう》されるものです。他の生き方は、価値はなく、享楽の生活です。それは、永遠にとってですが」

それで、私はこの十字架の刑と死の画像を受けとり、私にそれを与えられた御手に接吻しました。そして私は、自《おの》ずと震えましたけれども、私は自分の心一杯の愛情で、御手を抱きしめました。私の胸の上でしっかりと握りしめながら、私は、それがそれほど強く私に印象付けられるのを感じて、私が肖像に表現された眺めのすべてが、融和して一つの塊になっているように思われました。

67　神は、彼女を長上によって導かれる

それから、私は、自分でわからなかったほど、私の仕事配置について変わっているのを知りました。けれども、私は、すべてを長上の判断に委ねました。長上

に対しては、私は、命じられたすべてのことについて、何も隠したり、何も省略したりすることはできませんでした。それは、彼女自身から直接来たものですから。

けれども私を所属にもったこの長上の精神状態は、私にぞっとする嫌気を感じさせました。そして、このとき、長上は他の誰かによって、私に何かをすることを命じるか、あるいは私を指導しようと望みました。なぜならば、主は、ご自身の計画に合致して私を導くために、彼女に必要な光をいつも与えることを私に約束されましたから。

68　神はサタンに試みを許される

私が主の慈愛から受けたもっとも大きな恩恵は、聖体拝領のとき、そして夜、特に木曜日と金曜日の間の夜、言葉に言い表せないほどの恵みをうけた夜でありましたので、私たちの主は、あるとき私に、警告され、サタンが私を炉の中の金のように、矛盾と屈辱、誘惑と遺棄の坩堝《いきるつぼ》の中で、不潔なこと（31）を除いて、試みることを要求しており、そして主がすべて許可したと警告されました。けれども、主は、私にこれを越えてどんな苦痛もお与えになろうとは望まれませんでした。なぜならば、主は、この不潔をそれほど嫌われましたので、それについての最も小さな事でも、攻撃することを決してお許しになりませんでした。けれども、すべての他の誘惑については、私が、警戒にあたらねばなりませんでした。特に、私が死より大きい恐れをもつ高慢、絶望と大食の誘惑に対して警戒せねばなりませんでした。

けれども、主は、難攻不落の要塞《ようさい》のようでありますから、私に何も恐れる必要はなく、私自身の心の中で、主が私のために一緒に戦われて、私の勝利の賞をとられるでしょうし、また主は、私が敗北しないよう、私を御力で取り囲まれることを保証されました。けれども、主は、付け加えられました。私は、絶えず私の外面を警戒しなければなりませんが、他方、主は私の内面の世話をされますと。

私が迫害する人々の脅迫を聞いてから、直ぐのことでした。なぜなら、恐ろしいムーア人の姿で*、燃える炭のような、ぎらりと光っている目をもって私に現れ、そして私に上下の歯を軋《きし》ませながら、その人は、私にいいました。「呪《のろ》われた奴《やつ》。おまえを捕まえてやるぞ。それに、まあいっぺん、おまえをわしの力に嵌《は》め込んで、わしに何ができるか、よおう、分らせようか。わしは、どこででも、おまえをやっつけに掛かるからな」

それから、彼は、私に色々な脅迫をしましたが、それにもかかわらず、私は、何も恐れませんでしたし、私自身の内面は、それほど強められているのを感じました。それに私は、自分自身の内面に感じる偉大な力のため、地獄のすべての激怒を怖れないほどでした。私は、小さい十字架を身に着けていて、そこに、至高の救い主は、私に対する地獄の激怒を遠ざける力を、与えられたのです。私は、私の心臓の上のところに、いつも夜も昼も、十字架を着けており、それによって、多くの救助を頂きました。

＊31註　89節参照。この点での例外的な試練がある。

＊訳註　当時怖れられていたムーア人とは、イスラム教徒をさす。（ムーア人の意味は時代と共に変化したようである）

69　サタンと守護の天使との間

私は、医務室に置かれました。そして、神だけが、私のそこでの苦しみを知っておられます。これは、私の迅速な、感じやすい性質の側からと、被造物と悪魔の側からのもので、悪魔は、私が両手でもっているものすべてを、しばしば落とさせ、そして壊させます。それから、彼は私を馬鹿にし、何度か鼻で笑います。

「ああ、鈍重《どんじゅう》さん。おまえは、肋《ろく》なことをしないね」

この言葉は、何をするべきかがわからないほど私の心を悲しませ、そして落胆させました。それは、悪魔が、しばしばそれについて院長さまに敢えてお話することをできないようにしましたが、なぜなら、従順が悪魔のすべての力を打ち負かし、消滅させてしまったからです。

あるとき、私が火でいっぱいの台座を、火が散らないように保持していたとき、かの悪魔は、階段の上から私を押しました。そして、私が落ちる方向を変えてくれた方たちは、私が腕を折ったのではないかと思ったのですが、私は全く無傷で階段の下にいました。けれども、私は自分を支えてくださった誠実な保護者のことを感じました。なぜなら、私はしばしばこの方の現存に恵まれていましたし、しばしば私をお叱りになり、矯正をされました。

その他あるとき、私が一人の親戚の結婚の話しを話題にしようとしたとき、主は、それが修道女の霊魂に全く相応しくない事を見せられ、非常にきびしくお叱りになりましたが、もし私がこの種の小話を混ぜることを再びしようというなら、主は、私にみ顔を隠されるであろうといわれました。

主は、最小の不謹慎《ふきんしん》もお耐えになりませんでしたし、至高の主の面前で、尊敬を欠くことも許されませんでした。主のみ前で、私は、地に平伏して主に謁見《えっけん》し、また、主も、私がそのようにすることを望まれました。これは、わたしにできる限りしばしば行ったことで、また肉も霊も絶えず苦しんでいるものにとって、それより以上楽な姿勢は、見つからなかったのです。なぜなら、この姿勢が、無である私にもっとも相応《ふさわ》しかったのです。このことで、私が苦しみの内にあるとしても、あるいはもはや決して味わうことのできない快楽の中にあるとしても、その中にいつも虚無の淵を感じる視力を、私は決して失うことはありませんでした。

70　苦しみという救いのパン

なぜなら、この愛の聖性は、主に償いの返済をするため、それほど強く私に苦しむことが強要されたからです。私が苦痛に打ちひしがれた身体を感じ、あらゆるものから遺棄《いき》されてしまった自分の霊、そして私には、いつもなくなったことのない屈辱、軽蔑と矛盾のなかの自分を感じることの外には、もはや気楽な休息など見出せないほどでした。神の恩恵によって、一瞬たりとも、私自身の内面であれ、外面であれ、この苦しみなしに置いておかれることはできなかったのです。そしてこの苦しみという救いのパンが少なくなれば、自己放棄による新たなパンを探しに行かなければなりませんでした。そして私の感覚的でうぬぼれの強い性格は、この自己放棄のための多くの材料を備えていました。

主は、私が一つの犠牲の機会も失うことを望まれませんでした。そして私がそれを行うことになったとき、――私の嫌悪を克服するのに必要な、大きな暴力的努力も加えて――主は、私にこの犠牲に対して二倍にして支払わせられました。そして、主が私に何かを望まれたとき、私がそれに抵抗することが不可能なほど強く私を促されました。それは、そのことをするよう度々望まれたため、私が非常に苦しんだのでしたが、また、主が、私の性質に最も合わない、また私の好みに正反対であるものすべてを、逆に選び取られたからです。そしてこれらについて、私が停まることなく歩くことを望まれました。

71　二つの過大な自己放棄の行い

私は、ごくわずかな不潔さでも、心臓をドキドキさせたほど非常に鋭敏でした。主は、このことのために強く私を叱られましたが、あるとき、病気の人が吐いていたものを処理することを望まれ、私が舌でそれを取り上げ、それを食べることを断ることができませんでした。私は、主にいいました。

「ああ、私の神よ。もし私が千の体、千人の愛する人、千の命をもっていたなら、私はそれらのすべてをあなたに仕えさせるために犠牲に致しましょう」

そのとき、私が自分に打ち勝つことを習い、神の証《あかし》を得るためにだけ、毎日同様のことに出会うことを望むほど、この行いに大きな喜びを見出しました。

けれども、私が自分自身を克服する力を与えられたことに、私は独り、主のみに恩義を感じますが、主は、このことから得られた喜びを私にお表しにならずにはおかれませんでした。なぜならば、次の日の夜、もし私が思い違いをしていないとすれば、主は、二、三時間もの間、聖心の御傷の上に、私が唇を押しつけたままでおられました。そして私がその時感じたことや、この恩恵が私の霊魂と心に生み出したものをいい表すことは難しいでしょう。これは、これほど惨めな者への神の偉大な全善と慈悲を分からせるのに十分でしょう。

けれども、主は、オリーブの園で非常に深く感じ取られた死の御苦しみに光栄を与えるためにも、勝利と屈辱の元となるものを私に備えるためにも、私の鋭敏さと私の特別な嫌悪を減らすことを全く望まれませんでした。

けれども、ああ、私は忠実ではありません。それで、度々倒れます。このことに対して、時々、私のうぬぼれを挫《くじ》くため、また私自身への不信を考えて自己を確立するため、私が主なしには、悪しか行えず、自分を引き上げることもできず、いつも転落してしまうのを見られて、主は楽しんでおられるように思われました。そのとき、この私の霊魂の至高の善であられるお方が私の救助にこられ、また良き父として、次のようにいわれながら、私に向かってその愛の手を展べられました。

「だから、あなたは、私なしに、何もすることができないことをよく知ります(32)」

これは、主の愛の慈しみ深いことを私が再認識することによって解消されました。善であるお方は、私の罪と絶えざる不忠実さに対しては、溢《あふ》れる愛によってしかお返しできなかったことを、涙のうちに見ることで解消されました。この豊かな愛によって、私の目の前に露《あらわ》にされた忘恩に対し、主は何倍もの恵みをもって、戦っておられるように思われました。そのとき、私が話すことができる以上に苦しみながら、涙で主にお話しすることしかできない状態にありました。このように、愛である神は、その価値のない奴隷を取り扱われました。

あるとき、私は、赤痢患者の世話をしながら、心で少し憤慨したとき、主は、私を非常に強く叱られました。それで、わたしは、自分を次のように拘束して生活したほどでした、——この過失を償うために(33)。——この患者の吐出、排出したものを運びながら、そこに長い時間私の舌を浸すこと、そのもので口を一杯にすること。そして、もしそのとき、主が私にその目の前で従順を命じられたなら、それを飲み下しましたが、この従順命令は、許可なしに立ち去るには、何も食べないことを許しませんでした。

＊32註　4語の脱落を平行資料「メモワール」で補う。

＊33註　一八六七年と一八七六年において、原稿を刊行するとき、ここを文節の終わりとした。何らかの批判が、これらの行き過ぎた行為をマルガリタ・マリアに対して認めなかったので。しかし他の人々の間では、「よく知られた秘密」だった。かれらは、マルガリタ・マリアに独特であるとはしていない。かれらは、一つの時代だけのものだったのだろうか。アカデミー・ゴンクールのマレ・ジョリー女史の作品「ジャンヌ・ギヨンについて」の中で、この訪問会修道女の死後一年後生まれた「境界外の神秘」に、これと似た行為が見つかる。この著者は、神秘が「なにかの目的のある苦行では決してなく、エゴイスム、嗜好《しこう》や個人独特の願望を殺し、また神のご意志を果たすため、それらをもっと固有な

ものに戻すよう、意志と身体を全面的に柔軟にすることが核心である」と強調している。

72　主が要求される辛い犠牲

このことの後、主は、私にいわれました。

「あなたは、このことをすることに、我を忘れています」

私は、主にいいました。

——ああ、私の主、私はそれを、あなたのお気に召しますよう、またあなたのみ心を得られますようにと思って致します。そしてあなたが、わたしにそれを拒絶されないよう願っております。けれども、主よ、あなたは、人々の心を得ようとはなさいませんでした。そしてその間に、人々は、あなたにそれを拒絶し、あなたは、それをしばしば、追求されます。

「その通りです。私の娘よ。私の愛は、人々のために全く犠牲となりました。かれらは、私に何の返しもしないのに。けれどもあなたが、人々の忘恩に対し、私の聖心の功徳によって埋め合わせることを望みます。私は、あなたにそれを与えたい。それとは、私のみ心です。それで先ず、あなたは、自分を屠ることによって、み心の犠牲の供え物になる必要があります。その理由は、正義の怒りで叱り、正すため、お怒りで武装された御父の神的正義が、ある修道院の上に行われようとするのを、み心の仲介をもってこの懲罰を押し止《とど》めるためです」

そして同じ時、主を怒らせた特別な欠陥の数々をもつ修道院を見せられ、私が神の正義のお怒りをお宥《なだ》めするため、苦しまなければならないすべてのものを見せられたとき、私は、全く震え上がり、犠牲を捧《ささ》げる勇気もありませんでした。でも私は、自分に関係のないことなので、従順にもとずく長上の同意なしに行うことはできませんといいました。けれども、それは、長上が私にこの犠牲をさせるという怖れから、それをいうことができなかったからです。

けれども、主は、止《とど》まることなく私をお従わせになり、私に休息をお与えになりませんでした。私は、涙しながら立ち、そしてついに長上(34)にそれを告げることを強制されている自分を見たとき、私の苦悩を知っている長上は、主が私に望まれたことすべてに、躊躇《ちゅうちょ》することなく自分を犠牲に捧げるようにといいました。

それでも、私の神よ。これは、私の苦痛がもっと強烈に倍増したことだったのです。なぜなら、私は、「はい」という勇気が全くありませんでした。私は、反抗し続けたのです。

＊34註　メール・ド・ソーメーズ

73　彼女は反抗した。主は、さらに要求される。

聖母マリアの奉献祭の前夜に(35)、正義である神は、それほど恐ろしい姿に包まれて、私にお現れになりましたが、私は、まったく自分の自由がきかず、それに自分を守ることもできないとき、主は、聖パウロに対するときのように、私にいわれました。

「私の正義の槍《やり》に対して反抗することは、あなたには難しい。けれども、あなたは、この犠牲によって苦しまなければならない屈辱を避けようとして、これほど多く抵抗をしたので、私はそれらを二倍にして、あなたに与えるでしょう。なぜならば私は、あなたに対してただ個人的に秘密の犠牲を要求したのですが、今は、それらを公にしたい。方法についても、時間においても、すべて、人間の常識から逸脱して。そしてあなたの残りの生涯は、混乱に満ちた屈辱の環境を伴うことになるでしょう。それは、あなた自身においても、また他の人々の面前においてもです。これは、あなたに、神への抵抗が何であるかを理解させるためです」

ああ、私は、それを実際、よく理解しています。なぜなら、私は、決して以前にはこのような状態の自分を見たことがありませんでしたから。ここには、それについて、ただわずかなことだけでしたが、すべてではありません。

晩の念禱の後に、私は、他の人たちと一緒に聖堂から出ることができませんでした。そしてたえず涙と唸《うな》り声が出るので、夕食の最後の鐘が鳴るまで、聖堂の内陣に残りました。私は、収集（粗末な食事）に行きました。なぜなら聖母マリア奉献の祝日の前夜でしたから。そして、修道院の共同体の広間に、無理やり自分を引きずって行った時、神は私に望むことを知らせて、私がこの最高の犠牲をするよう、非常に強く勧められるのを感じましたが、それは、私が長上を探しに行くため、出るのを強要されました。――その当時長上は、病気でした。

けれども、私は、そんなにも自分の自由がきかず、手足を縛られた者のように自らを眺められたほどだったことを告白します。そしてこのような者に、主は、内的にも外的にも、私が流す溢《あふ》れる涙の他《ほか》には何の自由も残されませんでした。この涙は、私が苦しんでいることを表現する唯一のものと考えました。なぜなら私は、刑場に紐《ひも》で引きずって行かれる犯罪人のように見えました。私は、正義の怒りの槍《やり》で武装して、私を地獄に落とすためこの投げ槍を投げようとして身構えておられる神の聖性を見ました。――そのように、私に思えました。――この地獄の開いた口の中に、私が、すぐに呑《の》み込《こ》まれるようになっているのを見ました。

私は、骨の髄まで透過する貪欲《どんよく》な火が燃えるのを感じました。そして私の身体全体が奇妙な震動を感じました。そうでないとしたら、ほかに解釈ができません。

「私の神、あなたの偉大な慈愛によって、私をお憐れみ下さい」

それから、その後ずっと、長上のところへ行く方法もなく、酷《ひど》い痛みの中で呻《うめ》いていましたが、八時ごろになって、一人のシスターが私を見つけ、長上のところへ連れていきました。長上は、私のこの状態を見て非常に驚きました。私は、それを、そのとき説明することができませんでしたが、私は、苦痛の増加のことは、人が私を眺めながら、そのことが解ったものと思いました。それは、事実とは違っていましたが。

私の長上は、私をこの状態に保つこの霊に、すべての能力を持たせた従順しかないことを知って、私が長上に苦痛のことを話すことを命じられました。そこで私はすぐに、神が私に行うように望まれた犠牲について、共同体の出席の面前で、私の在り方のすべてについて、そして主がそれを何のため要求されたかということについて話しました。この最後の点は、聖なる愛徳を傷つける怖れから、そして同時に、イエス・キリストのみ心を傷つけることについての恐れのためにも、説明をしませんでした。それは、このみ心において、この大切な徳が生まれますから。これが、そのこともあり得るという何らかの理由であっても、興味を持とうとされなかった理由です。

＊35註　一六七七年十一月二〇日

74　死の苦しみの夜

ついに、私の至高の主が私に切望されたことを行い、また話したとき、人は、いろいろとそれについて話し、判断しました。けれども、私はこれらすべての状況を私の神の慈悲にお任せします。そして私にはそう思えるのですが、これから申し上げることについて、私は決してこれほど苦しんだことはなかったと保証することができます。私がその時まで経験したすべての苦しみとそれ以後のものとを寄せ集めても、これには及びませんでした。そして、すべてを一纏《ひとまと》めにしたものが、私の死のときまで継続するでしょうことも保証できます。これらの苦しみは、私がこの主のご苦難の夜を耐え忍んだものと比較できるものであるようには思えません。それについては、私たちの主が、そのご受難の苦しみの夜を尊敬させるため、ご自身の卑しい奴隷を喜ばせようと望まれました。――いわば、小さな見本に過ぎないのでしたが。人は、私を場所から場所へと物凄い混乱で引きずり回りました。(36)

この夜は、神のみがご存知の責め苦で、休息することもなく聖なるミサの時まで過ごしましたが、私が次の言葉を聞いたように思いました。

「ついに平和になりました。そして、私の御母の胎内での私の受肉の瞬間に私が行った犠牲の奉献への尊敬の念をあらわすため、あなたがわたしに捧げたこの犠牲によって、私の正義の聖性は満足されました。この功徳は、私があなたに見せたように、あなたが私に行った犠牲によって、私は、この愛徳のお陰で、それを用いることに結びつき、再び新しくすることを望んだもの

です。

これは、あなたがすることができ、あるいは苦しむことができるすべてを、功徳の増加のためにも、償いその他の充実のためにも、あなたが取ってはならず、すべて私の愛徳のために振り当て、犠牲に捧げられるものである理由です。

私の模倣を、独りで黙って行い、苦しみなさい。人々の心の中に私の聖心の国を設立して、神の栄光を求めること以外に関心をもたないで。このような人々の心に、私は、この王国であなたのような方法によってそれが示されることを望んでいます」

＊36註　長上の不在に、若い立誓願修道女が皆に、神である主への不満を話した時、マルガリタ・マリアは、そのときシスターたちの中で、ただ一人だけ組みせず、不信を買うことが起こった。けれども、間違った者たちは、過失を告白し、この生贄の徳行は、全ての者の尊敬を得ることになった。

75　苦しみの身分の穏やかな受容

私の至高の主は、私が主をお受けしてから、この聖なる教訓を私に与えられました。けれども主は、私の苦しんでいる状態から私を取り出しはされませんでした。その状態で、私は変わることのない平和を感じました。私が苦しむすべてを受け入れたとき、私が審判の日まで苦しまなければならないことを、主は私に見せられました。もしそれが、私を、矛盾に満ちたもの、すなわち、拒絶、軽蔑、屈辱の下水のようなものとしてしか、表されなかった神のご意志であるなら、天からも地からもどんな慰めも受けることもなく、私は、あらゆる点から私の上に襲いかかってくるこれらを、喜びをもって見たことでしょう。

すべてが私を全滅させるよう、陰謀がおこなわれているかのように、私には思われました。私は、絶えず訊《たず》ねられました。そして人が無理やりに私から引き出したわずかな応答は、私の苦痛を増やす道具になりました。私は、食べることも、話すことも、眠ることもできませんでした。そして私のすべての休息と仕事は、神のみ前にひれ伏していることだけでした。この至高の偉大なるお方は、私を無の最も深い淵の中に、全く消滅したものとして保っておられました。私は絶えず泣いて、主の慈悲を懇願するため、また正義の怒りの槍の向きを変えて頂くよう、嘆き声を上げておりました。

そして私がその頃、身体と精神とを絶えず使っていた仕事は、耐えられない苦痛を引き起こしました。けれども、私の多くの苦痛にも関わらず、私の至高の主は、最も小さなことも等閑《なおざり》にしてはならず、免除を受けることも許されませんでした。主は私のすべての義務、あるいは規則を遵守する範囲で、主の全能の力が、私を引きずられるのを感じました。新たな刑罰の場所から犯人のように。なぜなら、私はどこにでもこのような苦しみを見出しましたから。そして私は苦しむことに、これほど貪欲《どんよく》で、それに熱中していましたので、私に関係して苦難が起ったことを見、そして感じることの外には、精神についても、命についても、私は感じることがなかったほどでした。

しかしながら、これらのすべては、この苦しみの間、人が、常に非禁欲的な本性に最も逆らうものであり、そして私の傾向に正反対であったものによって、長上は、つねに私を導きましたけれども、私に最も小さな不安や苛立《いらだ》ちの心の動きも生じませんでした。

76　食堂は彼女の刑場

その後、長上は、私が食べていなかったことを見つけました。そのために、私の長上と私の聴罪司祭は、私に強い譴責《けんせき》を与えました。それは、食卓の上の私に与えられたものをすべて食べるようにと命じられたのです。私の能力を遥《はる》かに超えているよう思われる従順によって。けれども、必要なときに私の手助けを欠かされなかった主は、私をそれに従わせ、言い抜けも口答えもしない従順を私に与えられました。それは、食事の後で食べたものを吐かなければならなかったのですけれども。その後、これが長く続いてから、それは、私の胃腸に、非常に激しい下痢を起こすようになりました。――それは強い痛みを伴って――それは、私が食べた少量のものも全く止めておくことができないほどでした。長上が、私の従う従順命令を変える方がよいと考えて、私が食べられるもの以上に食べない従順に変わりました。

それから、白状しますと、食べることは、このとき以来、私にとって物凄《ものすご》い責め苦となりました。刑場に行くように食堂にいき、そこで罪の宣告をうけました。私に出されたものを差別なく食べるようにされた結果、私が最少と思うことを守るわけにいきませんでした。私の貧しさと虚無に最も相応《ふさわ》しいように、パンと水が満たされ、残りが溢《あふ》れ出すほど、次々と私に提供されました。

77　悪魔憑《つ》きと見なされる

そして、苦しみの状態に戻るために、何も中断しておらず、またこの状態は、非常に痛い、屈辱的なものの追加によって、たえず増大しました。――なぜなら、人は、私が悪魔に憑《つ》かれたか、偏執狂であると信じており、そして長上たちは、私の上に、十字架の印をして、悪霊を追い払う祈りを唱えて、聖水を振りかけました。――けれども、私が、捉えられていると感じるお方が、逃げ去ることとはほど遠く、もっと強く結びついて、私にいわれました。

「私は聖水が好きです。そして私は非常に強く十字架に愛を感じます。私は、私と同じように、また私への愛のために十字架を担う人々と緊密に結び付くことに反対できません」

この言葉は、私の霊魂の中の苦しむ望みに火をつけましたので、わたしの苦しんできたことは、小さな水の一滴にしか見えませんでした。それは、私が感じていた強い渇《かわ》きを癒《いや》すよりはむしろ、火をつけました。けれども、私の存在のどんな部分も、霊でも身体でも、特別な苦痛をもたないところはなかったということはできると思います。そしてそれらは、同情も慰めもないものでした。なぜならば悪魔は、私に狂暴な襲撃をしませんでしたが、もしわたしが話してきた間に、私を守り、戦われたお方の特別な力を感じることがなかったとすれば、千回も私は敗北したことでしょう。

最終的に、長上は私についてすること以上には知ることなく、従順によって、私を最初の状態に返すよう私たちの主に願うため、聖体拝領をさせました。それで、私が犠牲のホスチアである主のみ前にあったとき、主は私にいわれました。

「そうです、私の娘よ。私は、大司祭として、あなたに新たな活力を与えるため、そして新しい苦しみの犠牲をするため、あなたのところにきたのです」

主が行われたことは、こういうことです。つまり、それから、私は全く変わってしまいましたので、自分が、丁度解放された奴隷のようであると感じました。けれども、それは長くは続きませんでした。なぜならば、人々は、私に、悪魔が私の中で起こったことすべての創作者であり、そして、もし私が注意しないなら、悪魔は、策略と幻想によって、私を永遠の滅亡に落とすでしょうと言い始めました。

78 神の霊の影響から逃れる試み

これは、私にひどいパンチを与えました。私が、自分で望んでいないのに、欺かれており、また他人を騙《だま》すという恐ろしい生活をしていたことになるのですから。それで、私は涙をいっぱい流しました。なぜなら私は、私の中で作用しているその神の霊の力から、私を引き出すどんな方法も、可能ではありませんでしたから。そして私のすべての努力にもかかわらず、私は神の霊から自分を遠避けることも、その活動を妨げることもできませんでした。なぜなら神の霊は、それほどまでも私の霊魂の能力全部を奪っておられ、私が深淵の中にいるように思われ、そこから出ようとすればするほど、もっと沈められるのを感じました。私は、この方々の提案したすべての手段を利用しましたけれども、空《むな》しいことで、何度も戦ったのですが、疲れ切ってしまいました。

けれども、至高の主は、このすべてを無視され、私を力強く安心させられましたので、一目《ひとめ》ご覧になって、私の怖れをすべて散らしてしまわれました。そして私にいわれました。

「あなたは全能であるものの腕に抱《かか》えられていて、何か恐れることがあるのですか。私は、あなたのもっと若い青春時代から、あなたの父親、あなたの師、あなたの支配者となって、あなたが敵に対し意気喪失しているとき、それをよく消失させることができたではありませんか。そしてあなたに私の神のみ心の優しさの証《あか》しを与え続けました。そのみ心の中にさえ、私は、あなたの現在と永遠の住処《すみか》を建てたではありませんか。

より大きい保証として、あなたが私の愛のもっと強いどんな証しを望んでいるのかいってください。そうすれば、私はあなたにそれを与えましょう。けれども、なぜあなたは、あなたの孤独な、真実の、唯一の友である私に対して、戦うのですか」

私の不忠実のための叱責は、このように大きな後悔と混乱に私を投げ込みました。私はそれ以来、私を導く神の霊に反対して行われるような試みに、決して何も協力しないようにし、謙虚に、そして快く、人々が私に行なうように望んだすべてを受け入れることを決意しました。

79　生涯を記述することへの新たな嫌悪

　ああ、私の主にして私の神よ。あなたのみが、この従順の実行において、私が耐える苦痛を知っておられます。そして私がすべてのことを書くことで感じる嫌悪と恥らいを乗り越えなければならない、暴力にも等しい頑張りもご存じでいられます。あなたの霊の真理からくるすべてのことや、あなたに光栄を与え、私に恥らいをもたらす具体的なことを記述するよりも、むしろ死ぬお恵みをお与えください。

　ああ、私の至高の善であられるお方よ。御憐れみによって、あなたが望まれる査読者以外のどなたにも、決して見られませんように。これらの書き物が人々の永遠の軽蔑と忘却に埋葬されてしまうことを、私が妨げることはありません。ああ、私の神。どうかこの慰めを、あなたの貧しく、卑しい奴隷にお与えください。

　それと同時に、次のような返事を得ました。

「すべて、私の気に入るようにお任せしなさい。そしてあなたが何も関わら

ないで、私の計画を果たさせなさい。なぜなら私は、すべてに配慮するからです」

それですから、私は従順によって従うことになりました。ああ、私の神よ。私にはこの記述をすることにおいて苦しむ一種の殉教によって、あなたに満足をお与えする以外の考えはありません。そのすべての言葉が私には、犠牲のように見えます。けれども、このことによって、あなたが永遠に光栄あらしめられますように。

けれども主は、私にご自分のご意志を明らかにしてくださいました。それは、私が愛それ自体のために、私の至高の主を愛することを常に感じ、持ち続けていることです。愛それ自体だけを望み、熱望しながら。私は、主の賜物に固執しませんでした。私は、神の賜物が私に関していかに偉大であったとしても、決してそれにこだわったことはありません。私は、ただそれらが主から贈られたものであるが故に、それらを重んじました。そして私は、主のみを記憶するために、すべてを忘れようと努めて、賜物については、私にできる最少の省察だけしかしませんでした。神以外のすべては、私にとって何の意味もありません。

それですから、私がこの従順の命令を達成しなければならなかった時、私はそれがずっと前に起きたことについて書くことが不可能なことであると思いました。けれども、私の主は、私に正反対であることを見せられました。なぜなら、それを私にとってより易しくするために、主はそれぞれの問題について、私が話してるのと同じ状態を私に感じ直《なお》させられます。これは、私に、主が望まれると納得《なっとく》させるものです。

80 イエス、彼女にラ・コロンビエール神父を送られる

私の耐えた苦痛と恐れの間でも、私は、心が常に不変の平和の状態にあるのを感じていました。そのころ、長上は、ある教義の専門家たちと話をさせました。この方々は、私が歩いている道で不安を拭《ぬぐ》い去《さ》ることからはほど遠く、私の苦悩をさらに増やしました。私たちの主がラ・コロンビエール神父さま(37)を送られるまで、——この方に、私は修道生活の始めに(38)、一度話をしていました。私

の至高の主は、私が誓願の奉献をしてからいつか、主の従僕の一人を私に送ると約束しておられました。――主は、この方に、主が私に明かされた聖心の宝と秘密を、私に与えられる知性の光によって、神父さまに打ち明けることを望まれました。なぜならば、主は、私の歩む道で私から不安をぬぐい去るために、この方を送られ、またこの方に偉大な聖心の恩恵を分け与えられるために送られました。聖心は、それらの恩恵を私たちの何回かの会話のなかで、溢れるほど豊かに撒《ま》き散らされました。

それで、この聖なる人が、ここに着任し、共同体に話されるとき、私は、内的にこの言葉を聞きました。

「さあ、これが、あなたに送った人です」

私は四季の斎日(39)の最初の告白で、間もなく、このことを理解しました。なぜなら、私たちは、あらかじめ会ったり、話し合ったりしなかったのですが、神父さまは、私を非常に長い時間留《とど》めて、あたかも私の中で起こっていたすべてを理解するかのように、私と話をしました。けれども私は、この時、どんなことにも神父さまに私の心を開きたくなかったのですが、それは、私が共同体に迷惑をかけること(40)を恐れて下がることを望んだと考えられて、神父さまは、私に、もし他日私が神父さまに会い、この同じ場所で再び話をしたいかと尋ねられました。けれども、このすべての交流を懸念した私の生まれつきの臆病から、私ひとりにできることではなく、従順が私に命じることをすべて致しますと答えました。私は、そこで約一時間半ほどして帰りました(41)。

＊37註　一六七九年
＊38註　一六七五年
＊39註　一六七五年の四旬節
＊40註　原文で2語脱落
＊41註　共同体の総会の後で、ラ・コロンビエール神父は、すでに、院長に彼が気付いた若い修道女が誰であるかと訊ねた。シスター・マルガリタ・マリアの名を聞いて、彼女が「恵まれた霊魂」であると確認した。

81　神父は、彼女に神の賜物を見直させる

それから、神父さまが、再び来られてから少したって、私が神父さまに話すことが、神のご意志であると知ったにもかかわらず、私が初めに神父さまと話したところへ行かなければならなかったとき、私は、それについて酷い嫌味を感じずにはおられませんでした。けれども、神父さまは、私に、神に対する犠牲を捧げる機会を与えたことに満足していると答えられました。そしてその時、苦労もせずに、特別何もなく、私は神父さまに私の心を開き、そして神父さまに私の霊魂の奥の、善いところも、悪いところも覆いを取りました。その上、神父さまはこの霊の導きに、何の怖れもないことを保証し、この霊がどんな従順の実行も誤らせなかったことも保証して、私に非常に大きな慰めをあたえました。私が、この霊に私の存在全体を委ねて、この霊の良き望みにしたがって、私自身を犠牲にし、生贄として捧げるため、この神の霊の動きに従わなければならなかったことも慰めでした。

これほどの反抗の間にも何ら嫌気を起こされなかった私たちの神の善性に感嘆

しながら、神父さまは、私に神の賜物を評価すること、そして敬意と謙虚さをもって、主が恩恵としてお与えになる、しばしばの交流と親しい会話をお受けすることを教えられました。また私はこれほど偉大な善であるお方に対して、絶えず感謝をあらわすようにしなければならないと教えられました。

そして私は神父さまに、この私の霊魂の至高の主が、それほど近くから私に近づかれたことをお聞かせしました。——時間も場所も問わず、——主のお近付きは、私が口禱《こうとう》で祈ることが不可能なほどでした。これについては、私がそうするために自分で努力をしましたけれども、特にロザリオを口唱するとき、どんな言葉も発音することができなくて、時々口を開いたままでいました。これについて、神父さまは、私に、それ以上しないようにといわれましたが、その他、できるときにロザリオを唱えることで義務が終わったものとして満足するようにと教えました。そして私が私の霊魂のもっとも愛するお方から受けた、非常に特別な愛撫と愛の一致のある特別な事柄に言及して、——ここで叙述をしませんが——神父さまは、すべての事において非常に大事な事は、私を無に等しい者とし、私になされた神の偉大な慈悲を称賛することであるといわれました。

ところで、この無限の善であるお方は、私が多くの屈辱を受けるという支払いをしないなら、私がどんな慰めも受けることを望んでおられませんでした。それについての、この会話は、私に多くの問題を引き起こし、そして神父さま自身にも、私が原因で多く苦しまれることになりました。なぜなら、私が神父様を私の幻想によって欺き、その他の人々にしたように、神父さまを誤らせることを望んだといわれましたから。けれども、この幻想のことは、神父さまに、全く苦労とはなりませんでしたが、神父さまがこの町で、滞在した短期間の間だけではなく、いつまでも私を助け続けることを辞められませんでした。そして、神父さまは、私を他の方々と同じようには、断念されませんでしたので、私は百倍も驚きました。それは、私が神父さまとともに扱った方法は、他の方々皆に気に入りませんでした。神父さまは、私に屈辱をうけさせることも、自己放棄させることも、決して少なくするようなことはありませんでしたけれども。これらは、私を大変喜ばせたことです。

82　純粋の愛が、三人の心を常に結びつけられたこと

神父さまが私たちの教会でミサを行うために来られたある日、私たちの主は、神父さまに、そして私にも、非常に大きな恩恵を与えられました。なぜなら、私が聖体拝領で主を拝領したとき、主は私に、燃えている炉のような主の聖心をお見せになりました。そして二人の心がそれに結び付けられ、それに熱中しているとき、主の聖心は、私にいわれました。

「このように、私の純粋な愛が永久にこの三人の心を結び付けます」

その後、主は、この結び付きが聖心の栄光のための全てであると教えられました。このことについて、主は、その価値と有益さを分らせ、広めるため、私が神父さまにその宝石の発見をおさせするよう望まれました。そしてこのために、主は、私たちが兄弟姉妹として平等に、これらの霊的な財産を分け与えられることを望まれました。そして、その上私は、このように大きな徳と地位のあるお方と

私のように貧しい惨めな罪人との間に存在する私の貧困と不平等を、主に表明いたしました。けれども主は私に答えられました。

「私のみ心の無限の富は、二人の間で完全に補われ、同じ富になるでしょう。この人にだけは、恐れることなく、話してください」

私は、私たちの最初の面会で行ったことは、これでした。神父さまは、謙虚に、そして感謝しながら、このメッセージを受け入れられました。それとともに、私が至高の主の命令として神父さまに話した、神父さまの個人的な多くの他のことも受け入れられました。そして神父さまの態度は、本当に私の心を動かしました。そしてこれは、私が今まで聴くことのできたすべての説教より、一層多くの利益となりました。

そして私は神父さまに、私たちの主が、ただ人々の霊魂において主に栄光を帰するためにだけ、私にそれらの恩恵を分け与えられたといいました。私は、これらの人々に言葉によってであれ、あるいは文書によってであれ、主が私にその願望を知らせられるように、私が話をし、文書を作るという苦心をしないで、これらの恩恵を配ることになるでしょう。なぜなら、主は、それを快く受け入れる人々に、望まれた結果を引き起こすため、恩恵の注油をされるからです。――そして私に酷《ひど》い屈辱を与えたある人々に対し、記述すること、証拠の書類を提出することに抵抗して、私は多く苦しみましたので。そして神父さまは、耐える必要があった、ある苦しみと屈辱については、私が決して、霊の聖なる動きに従うことをやめてはいけないと命令されました。この霊が私にインスピレーションされたことを単純に話し、または、私が記述していたとき、長上に証拠の書類を提出しなければなりませんでした。そしてその後、長上が私に命じたこのことをすることになっていました。これは、私が行ったことです。けれども、それらのことは、私に、被造物としての低劣さを強く感じさせました。

83　神父は、彼女に記述することを命じる

神父さまは、同様に、私に起こったことを書くように命じられました。これに

は、耐え難い嫌悪を感じました。なぜなら、私は、従順であるために書きました。そして充分に従順を満たしたと考えて、それを燃やしました。けれども、私は、それで充分に苦しみ、そして私に良心の不安を作り、結局、長上は、それをそれ以上続けるのを禁止しました。

84　一六七八年十二月三十一日に作られた遺言書

あるとき、私の犠牲を行う主である大司祭は、私に好意的に、文書で遺言書を作ることをご要求になりました。――遺言書というよりは、私が口頭ですでにしていた完全な、無条件の権利譲渡のことでしたが。――それは、私が行い、苦しむことのできる全てのもの、そして私の生きている間であれ、死んだ後であれ、私のためになされるであろう全ての祈禱《きとう》と霊的功徳についてです。その上、主は、もし私の長上がこのことの保証人となることを望むなら、私に長上への要求をさせられました。――それは、保証人はその譲渡をきちんと支払う責任を引き受けるよう、――そしてもし長上が拒否したなら、主の下僕である、ド・ラ・コロンビエール神父さまに、問い合わせるよう要求されました。けれども私の長上は、それをすることを望みました。

そして、私がこの唯一の私の霊魂の愛であるお方にこの遺言書を提出した時、主は大きな満足を表されました。そして主は、そのご計画に従って主に喜ばれた人のために、それを意のままに使うことを望んでいるといわれました。けれどもまた主の愛は、すべてのものからを剥《は》ぎ取り、そして私が主の聖心の富以外の富を持つことを望まれませんでした。主は、同時に、私に聖心の富の贈物をされ、そのことを書き取らせられるままに、私の血でそれを書きました。その時、私は小ナイフで、私の心臓の上に、イエスの聖なるみ名を書いて署名しました。

その後、主は、人が私におこなったすべての善業の百倍もの報いを与えるよう気を配られました。――ご自身のためにされるかのように、――私がそれ以上何も気遣うことがなかったのですが。さらに主のご好意によって、この遺言書を作成した者に対する報いのために、主はモンテファルコの聖クレールと同じ報いを与えることを望まれました。このような遺言書のために、主は、彼女の行動に、ご自身の行いの無限の功徳を付け加えられました。その上、主の聖心の愛によって、主は、彼女に同じ栄冠に値するようにされることを望まれました。これは、私に大きな慰めでした。なぜなら、私は主を多く愛しましたから、彼女は自己放棄と屈辱の美味しいパンで、溢れるほどに私の霊魂に食べさせました。これらは、私の至高の主の味わいが快く、主にこの喜びをお与えするためには、すべての人々がそれに加わることを望むほどでした。私の神はまた、私にこの聖女と同じほどの恩恵をお与えくださいました。私の全生活は、肉体の苦痛の中にあって、頻繁な病気と絶えることがない疾患に、またその他のことに見舞われるのに不足はありませんでした。

85　すべてが彼女の屈辱に帰せられる

私の霊は、見放され、見捨てられ、そして神を侮辱するのを見ることで苦しんでいました。けれども主は、その善性によって、人々からの迫害、矛盾、屈辱のときであれ、私を非常に苦しめ、迫害する悪魔の試みにおいてであれ、常に私を支えてくださいました。そして戦う必要のある最も厄介な敵であり、征服することが最も難しかった私自身に対しても、私を強められました。なぜならば、私が話したばかりのすべての事の中で、私にはもはや外での仕事も労働も与えられませんでした。この仕事は、私にできるすべてであり、このことは、私の受けた苦しみの中でも、小さなものではありませんでした。私は、周りの人を怖れていたと思いますし、この人々が私をサポートしてくださるのに大きな苦痛を感じ、大きな自己犠牲となったと思います。

それから、このすべては、私が隣人と会話するのにたえず苦痛を感じさせることになりました。そして私は、打ちのめされている自分を維持しているその低劣さを愛する以外に、解決の道も救済の手段もありませんでした。なぜなら、最も小さな行いさえも、私をまったく屈辱に陥れてしまいました。そして人は、私を一種の幻覚者、幻想と夢想に熱中した者としか見てくれなかったからです。またこの間中、私の苦悩の最少の緩和も、慰めも、私の神である主が禁じられたので、許されませんでした。それは、主が、誰にも分らず沈黙の内に苦しむことを望まれたからです。

主は私に次の標語を取らせました。

私は、不平を漏らさず、完全に苦しみたいのです。私の真っすぐな愛は、どんな怖れも妨げないので。

主は、すべを主から期待するよう望まれました。そしてもし私が、何かの慰めを手に入れたいと望むようになっても、主は、あらゆる安らぎの代わりに、私に失望と新たな苦しみしかお与えになりませんでした。これが、毎日私の神がくださった最大の恩恵の一つと見なしたのでした。十字架の貴重な宝物を私から奪うことのないこの恩恵をもって、私が日々乱用しているにもかかわらず、主は全く不相応な私にそれほど偉大な富を与えられました。それ故このため、私は、私の救い主に対する愛、認識、感謝の行為それぞれを溶かし合わすことを望みました。

86　イエスの十字架の完全な写し

それは、このような感情に満たされ、この十字架についての無上の悦びにあったとき、私がお話したことでした。

「私になされた偉大なみ業に、何をもって主にお返しいたしましょうか？　ああ、私の神よ。私についての、あなたの御慈しみは、あまりにも大きく、聖人方のテーブルで、あなたが聖人方を養われたと同じ肉を、私に食べさせることを望まれるほどです。あなたのお気に入られる、私よりもっと誠実な友だちという美味しい料理で育てられても、私はといえば、ただ価値のない、憐れな罪の女にすぎません」

同様に、あなたは、聖なる秘跡と十字架なしで、私が生きることができないことをご存知です。またこの涙の谷の長い追放に耐えられないことも。そこで私は、一度も私の苦しみが減少するのを望んだことはありませんでした。なぜなら、私の体が一層うちひしがれればそれだけ、私の霊は、もっと喜びを感じ、そしてもっと私自身に専念させ、苦しみのイエスともっと深く結びつく自由があります。私の十字架につけられたイエスの真実の完全な写し、似姿となることだけに、燃えるような渇望をもって。それは、至高の善であられる主が、そのご意向に従い、この事業を完成させるため、多くの働き手を雇われたとき、私を喜ばせました。

けれども、至高の主は、その弱さと無能を知っておられたのに、その価値のない生贄《いけにえ》から遠ざかられませんでした。そして主は、時々私にいわれました。

「私は、あなたを十字架につけるめ、これほど高貴な道具を使うという多大の栄誉あることを行わせます。私の大切な娘よ。私の永遠の御父は、私を十字架につけるために薄情な死刑執行人の残忍な手に渡しました。そしてこの私は、このために私に奉献され、聖別された修道女たちを、あなたの願いを考慮して、役に立たせます。そして私があなたに引き渡した人々の力として役に立ちます。そしてその人々があなたを苦しめる全てのことを私に捧げるよう望みますが、それはこの人々の救いのために役立つものです」

人びとが私のために行ったかもしれない神への侮辱に対し、体罰のあらゆる苦痛を毎日受けるため、日々私自身を奉献することは、私が全くの心からしたことでした。けれども本当に私には、人々が私を非難して苦しめるどんな不正も、することができたとは思われませんでした。また私がそれに値するのと同じようには人がそのような悪事をとてもなしえなかったと思われます。

けれども私は、苦しむことの幸福について話してこれほど大きく喜びますが、私が自分の渇望を満たすことができないで、この全巻を書き終るように思われ、その上私の自己愛がこのような講釈で多くの満足を見いだしていることを申し上げます。

87　五十日間飲みもせず……

あるとき、私の至高の主は、私を孤独の中に引き取ることを望まれたと解らせられました。そしてそれは砂漠の中の孤独ではなく、主の聖心の中の孤独でした。この聖心の中で、主は愛する者と一緒にいる友人のような態度をとられ、主の最も親しい交流の栄誉を私にお与えになることを望まれました。そしてそこで、主は私にそのご意志を悟る新たな教育をされ、そして死にいたるまで勇敢に戦って主のご意志を果たすための新しい力を授けられました。なぜなら、私はまだ多数の強力な敵の攻撃を受けなければなりませんでした。またそれは、主が、荒れ野での断食の栄誉のため、パンと水で五十日間の断食をしなければならないと私に要求された理由でした。

けれども、従順の命令は、私を変わり者となるのを怖れて、許可しようとしなかったので、もし私が飲むことなく五十日を過ごしたなら、もっと意に叶うものであることを聞かされました。主の聖心が、罪人の救いのために、常に耐えておられた、燃えるような渇きを尊敬するために、また十字架の木の上で苦しまれた渇きを尊敬するためにでした。それで長上は、私にこの償いの苦行に同意してくれました。それは、パンと水以外のものよりはもっと荒いものと思われ、私が続いて行っている苦行から大きく入れ変わるため、この変化は、身体の蘇生のため度々大きなコップの水を飲むことを必要としました。

88 悪魔からの手荒い試み

この激しい戦いの間に、私は、悪魔から苦しめられました。悪魔は、特に私を絶望の気分を武器に攻撃しましたが、私が天国のためには、どんなことも求めてはならないほど邪悪な被造物であることも分らせました。私は神の愛のうちにあって、そこから私が永遠のため奪われるものは、もはや何もありませんでしたから。このことは、私に涙の激流を与えました。

他の時においてはサタンは、虚栄心で、そしてついに私に極端な飢えを感じさせ、大食の忌まわしい誘惑で私を攻撃しました。それからサタンは、私に、味覚を最も満足させることができるすべてを示しました。そしてこれが、私の訓練の時に、私の真の悩みの種になりました。その上この飢えは、私が私の食事をとるために食堂に入るまで、続きました。これについては、初めに私が少しの食物をとるようにするために、私自身に大きな暴力を加えなければならなかったほど大きい嫌悪を感じました。そして初めに、テーブルを立ったとき、この飢えは、以前よりも、もっと暴力的に再開します。

そして長上に対しては、私は、自分のうちに起こったことを隠したことがなかったのですが、私が毎日欺かれているという大きな怖れのために、長上は、私が大きな飢えへの圧迫を感じたときは、彼女のところに食べることを願いに行くことを命じました。このことは、私が感じた大きな恥ずかしさのため、特別な努力をもってしたことでした。そして、私を食べに行かせるのではなく、長上は、他の方々が食堂に行くときまで、飢えを我慢しなさいといって、私の心を傷つけ、強く卑しめました。その後で、私は苦しさの中に、平和が戻ってきました。

けれども、長上は、私の飲み物の業《ぎょう》を完了させませんでしたが、私の従順の後、再開させました。そしてその後は、五十日の飲み物の業を過ごしました。同様に、金曜日も過ごしました。

89　王に代わって礼拝に

その後も私の迫害者は、不道徳であるという悪口を除いて、あらゆる面から私を攻撃するのを止めませんでした。これについては、私の神である主は、私の長上を弁護されました。けれども、ある時主は、恐るべき苦悩で私を苦しめられましたが、ここに、その一部始終があります。

これは、あるとき、私の長上がいったことです。

「国王の代わりに、ご聖体の前に行きなさい」

それでそこにいますと、私はもはや地獄にいるような不潔の嫌悪すべき誘いを、数時間にわたって、非常に強烈に感じました。そして長上が、私をもはやご聖体の前の国王の代わりではなく、訪問会の善良なる修道女の代わりであるといって、この従順を取り下げるまで、それが続きました。そして取り下げた後すぐに、わたしの苦しみは止みました。

90 カルワリオの御苦しみにおいて

その後、私は慰めの洪水で途方に暮れたほどでしたが、この慰めの中で私の至高の主は、私に望んでおられたことを教えられました。

第一に、主は、私がいつでも犠牲を捧げていることを望まれました。そしてこのために、主は、私が苦痛を感じ、暴力的な努力をもってだけできるほどに、苦しみの鋭敏《えいびん》さと嫌悪感を増されました。それは、最も取るに足りない、どちらでもよいことにおいてさえも、私に勝利の元となるものを与えるためにでした。これは、私がそれ以来毎日経験していることであると保証できることです。

その上さらに、主は、私がカルワリオの苦しみ以外、もはやどんな甘さも味わわず、他の方々が喜び、楽しみ、束《つか》の間《ま》の幸福となるものすべてに、殉教の苦しみを見いださせることを望まれました。これは、楽しみと名付けることができるすべてが、私の責め苦になって、これを非常に強く感じさせる方法で経験させることでした。なぜなら、長上が時々与える小さい休憩と遊びでさえ、私は猛烈な発熱のときの熱以上に苦しみました。にもかかわらず、主は、私が完全に他の方々と同じように行うことを望まれました。これは主と話し合ったことです。

「ああ、私の至高の善きお方よ。どれほど、この楽しみは、私に高価だったことでしょうか」

食堂、ベッドはこれほどの苦しみとなりましたが、それは、そこにただ行くことだけでも、私を呻《うめ》かせ、涙を流させたほどでした。けれども、その利用、それに面接室の利用は、私にまったく耐え難いものでした。私は、想い出すことさえも決してしたくはありません。また私は、大きな努力をしなければ超えられない嫌悪感を抱いてだけ、そこに行ったのでした。これは、しばしば自己に打ち勝つ力を神に求めて、私を膝《ひざ》まずかせました。書くことは、私にとって、かなりの苦痛でした。それは、私が膝まづいて書いたこともありますが、私の別の苦しみからでもありました。

どんな屈辱、軽蔑、低劣さも、栄誉への虚栄と野心をもつ人々には受け入れ得ないものであるのですが、それより以上に、尊敬、称賛と賛同とは、私に苦痛を与えました。これは、このような機会について、私がいったことです。

「ああ、私の神よ。他の方々の口から舌の虚《むな》しき称賛、お世辞あるいは賛同よりも、むしろ、すべての地獄の激怒を私に対して武装させてください。すべての種類の屈辱、痛み、矛盾と恥らいが私の上で崩れて行きますように」

なぜなら、主は満たし得ない渇きを私に与えられましたが、それを行っているとき、これほども生々しく感じさせられましたので、私がときどき証拠を残さないではおれないほどでした。それで、長上に気付かれずに苦しむことができませんので、自分があまりにも謙遜も自己放棄もわずかであるのを見ることに耐えられませんでした。けれども私のすべての慰めは、私の至高の主のお陰で、私の低劣さへの愛に、助けを求めることでした。主は、人々の評価の中で私を無にさせてしまうため、私をあるがままにお見せになりました。

91　すべてが主から来るもののように受け取ること

さらに主は、主から送られたものとして、すべてのものを受け取ることを望まれました。何も自分のために手配することを考えず、何も準備せず、主にすべてを委ねること、――楽しみについてと同じぐらい、苦しみについても主に感謝することを望まれました。そして最も苦痛を感じ、最も屈辱を受けるときに、こういうことが、私には当然であって、まだまだ、もっと必要と考えること、また自分を苦しめる人々のために、その耐えた苦しみを捧げることを望まれました。さらに、主は、常に十分な尊敬をもって神について、また敬意と共感をもって隣人について話すことを望まれ、決して自分自身については話さないか、あるいは主がご自身の光栄のため、私におさせになる場合を除いて、自己を卑しみながら簡潔に話すことを望まれました。――主は、常にすべての善と栄光を主の至高の偉大さに帰し、そしてすべての悪を私に帰すことを望まれました。――私は、決して主の外に慰めを求めるべきではなく、そして主が私に慰めを与えられた時さえ、それに執着せず、主にそれを犠牲として捧げることを望まれました。――なにも持たず、空で、すべてのものから裸であること。――主において主の愛のために、主のみを愛すること、自分を完全に忘れて、すべてにおいて主と主の栄光に関係するもののみを考えること。

そしてすべてのことは、主のために行動しなければなりませんけれども、この行動の一つ一つにも、いつも直接に、主のみ心のためである何かがあることを望まれました。例えば、私が休憩時間にいる場合に、私が苦しみ、屈辱、自己放棄、その他、私に欠かせない主の御心遣《こころづかい》からのものによって、主のものを捧げなければならないのですが、私は、こういう理由で、これらの苦しみを喜びをもって受け入れなければなりません。また同様に、食堂においても、私は主の絶対権能のため、私が最良のものと思っているものを主に犠牲として捧げることを望まれました。

さらに主は、私が自分自身以外に裁き、訴え、あるいは罪に定めることを禁止されました。主は私に他の多くの教訓を与えられ、そして私がそれらの多いのに驚いた時、主は私に何も恐れてはならないこと、主は、よき主であられると同様に、主が教えられたことをおさせになるのに力強くあられること、主はよく教えて、良く支配することに巧妙であられることを話されました。それで、私が保証できることは、本性の嫌悪に従うか、逆らうかは、とにかく、主が望まれることを私にさせられました。

92　聖心の崇拝についての大啓示　一六七五年六月

以前、大祝日の八日間のある日、ご聖体のみ前にいて、私は神から愛の大変な恩恵を受けました。それで、私は、何らかのお返しをしたいと心を動かし、また主の愛のために愛をお返ししたいと感じました。そこで主は、私にいわれました。

「あなたは、私が今まで度々、あなたに要求したことをする以上には、私にもっと大きなことを返すことができません」

その時、私は主の尊いみ心を見つけました。

「ああ、この私の心は、これほど人々を愛し続けてきました。それは、涸渇《こかつ》するに至るまで何も惜しまないほど、そしてこの愛を人々に証《あか》しするため、自らを使い果たして、惜しまないほど愛し続けました。そしてその感謝の代わりに、私は大多数の人々から忘恩しか受け取りません。それは、愛の秘跡の中にいるこの私に対して保っている不敬な態度、冒瀆《ぼうとく》、冷淡さ、軽視によってです。けれども、それ以上に私を一番傷つけることは、このように振るまう、私に奉献された人々＊であることです。

私はあなたに、聖体の大祝日の八日後の最初の金曜日が、私のみ心に栄誉を与える特別な祝日として捧げられるよう要求します。この日には、聖体を拝領し、聖体が祭壇の上に顕示されている間、み心が受けた侮辱の償いをするために謝罪をすることによって、主のみ心に栄誉の補償を行うのです。

私は、あなたに、またこの栄誉を補償してくれる人々や、み心に栄誉が戻るよう計らってくれる人々の上に、み心の神的愛の影響力を溢《あふ》れるほどふんだんに与えるため、私の心が喜びに拡がることを約束します」

＊訳註　聖職者、修道者、修道女など誓願によって奉献された人々のこと。

93　ラ・コロンビエール神父に問い合わせる

それ以来、そんなにも長い間、主が私に望まれたことを、私がどのようにするべきか知らなかったことに対して、主は、私にこの計画を果たすために送られた主の召使、ラ・コロンビエール神父に訊ねるようにといわれました。そしてこの方に訊ねてみると、神父さまは、私がイエス・キリストの聖心に関して、神父さまに話したこと、そして神の栄光のために、それに関係した多くの他のものも、文書にすることを命じました。神は、この聖人が、神のご計画に沿うよう私を教えもし、また絶えず私を呻かせる者が騙《だま》す怖《おそ》れにあったとき、安心させてくださったお陰で、多くの慰めとしてくださいました。

主は、神父さまを異教徒(43)の改心のために、この都市から取り去られました。私は、神のご意志への完全な従属をもって、この衝撃を受け取りましたが、主は、神父さまがここにおられたわずかな時間は、私にとってはこれほど有益でした。そして私がただその時を思い起こそうとしたとき、主は、直ちに私を叱られました。

「ああ、何ということですか。あなたは、私で充分ではないのですか。あなたの初めであり、終わりである私が？」

私は、自分に必要であるすべてのことができるよう、主が世話をされることを保証されていますので、すべてを主にお委ねするのに、上限があるはずはなかったのです。

＊43註　ラ・コロンビエール神父は、一六七六年にパレを離れ、マリー・ベアトリス・デステ・ヨーク公爵妃の説教師として英国に送られた。

けれども、まだ私は、渇望している聖心に対する信心を開花させる方法の何も見つかりませんでした。

94 聖マルガリタの祝日 一六八五年七月二十日

ところが、主の善性が私に備えられた最初の機会が、ここにあります。それは、金曜日に聖マルガリタの祝日が見つかり、私は、その頃世話をしていた私たちの修練女たちに、私の守護聖人の祝日に関して計画していた小さな尊敬に替えて、彼女たちが私たちの主イエス・キリストの聖心に尊敬を捧げるよう願いました。修練女たちは、小さな祭壇を作っているとき、快くこれに同意しました。彼女たちはその祭壇の上に、羽根ペンでデッサンした紙の絵(44)を置きました。この絵に向かって私たちは、この絵の神のみ心が私たちに想い起こさせるものにあらゆる敬意を払うよう努めました。

これは私にも、そして彼女たちにも、多くの屈辱、恥辱と自己放棄が付いてきましたが、なぜなら、新しい信心を導入することを望んだことが、長上に訴えられましたから。

＊44註　この時代に、image は、un または une いずれでもよかった。
＊訳註　contradiction の訳は、矛盾という意味でよく使われるが、ここでは、慚愧、恥らい、恥ごとなどと訳している。

95　修練院の小さな祝日。恥ごと

私には、すべてのこれらの苦しみは、一つの大きな慰めでした。そして私は、この神のみ心の栄誉に反しなければ、それほど怖れることは何もありませんでした。なぜなら、私がみ心についていわれるのを聞いたことのすべては、私の心を突き通す両刃の剣のようでしたから。それは、長上が、明らかにいかなる聖心の像も置かないよう禁じましたから。そして長上が私に許可できることのすべては、聖心に何らかのひそかな栄誉を与えることだけでした。(45)

私は、苦悩の中で、だれに相談すべきかも分かりませんでした。ただ、聖心のみが、たえず次のように話され、常に、私の打ちひしがれた勇気をお支えにならなれました。

「何も恐れないように。私は、私の敵がどのようであっても、そして私に反対しようとするものすべてがどうであっても、終息させるでしょう」

これは大いに私を慰めました。なぜなら私の願望は、主の統治されるのを見ることだけでしたから。

＊45註　院長は、当時メール・マリー・クリスチヌ・メランでした。彼女のパレー修道院の在職は、一六八四年から一六九〇年まででした。

96　ド・シャムロン嬢の追放が、彼女に脅迫をもたらす

私は、沈黙して苦しんでおりましたが、主の立場をお守りすることを主にお委ねしておりました。けれども、これほどいろんな種類の迫害が起こりましたの

で、それは地獄全体が私に向かって荒れ狂っているように思われ、そしてすべてが私を無にする陰謀を企てているように思われたほどでした。けれども、私は、決して自分自身の内部で、これより大きな平和を享受したことはなかったこと、また長上が私を牢獄《ろうごく》ということで脅迫したときほど、喜びを感じたことがなかったことを告白いたします。そして長上は、私をある世俗の王子の前に伺候させることを望みました――私のよき主に倣って。嘲笑《ちょうしょう》の玩具《がんぐ》として、また妄想の幻覚者のように想像力によって、そらぞらしい幻想で。そこで、私が多く苦しんだと信じさせるようなことをいわず、むしろ私に対する私の神の大きな慈しみを明らかにするために話しました。なぜなら、主が私に与えられたご自身の十字架ほど、価値あるもの、深く愛するものは全くないからです。この十字架は、私にとっては、決して飽きることのない、おいしいご馳走でした。

97　私たちの主のユニークな話

そして、もししばしば聖体拝領することが自由であったなら、私は満ち足りた心を持ったことでしょう。あるとき、私は熱烈に主を切望しましたので、私の神である主は、私が掃除をしていたとき、私の前にお現れになりました。主は私にいわれました。

「私の娘よ。私はあなたの嘆きを聞きました。そしてあなたの心の望みは、私に非常に気に入り、もし私が神の愛の秘跡を制定していなかったなら、私はあなたに対する愛のため、あなたの霊魂で居住する喜びのため、そしてあなたの心の中で私の愛の休息をとるため、この秘跡を制定したことでしょう」

これは私が、自分の霊魂が有頂天になっているのを感じたほど、激しい熱意が私に浸透しました。そして私はただこの言葉を表現することができただけでした。「ああ、愛。ああ、これほど惨めな被造物に対する、なんという神の愛」

そして、私の生涯を通じて、これはこの純粋な愛に対する感謝の心を動かす強力な誘因となりました。

98　煉獄の霊魂の援助

ご聖体の祝日の前のある日のこと、突然主は、私の前に、一人の人を、炎に包まれて出現させられましたが、その激しい熱さは、私に非常に強く行き渡り、私自身がその人と共に焼かれていると思われるほどでした。私はこの人が煉獄にあることを見せられ、その哀れな状態は、私にたくさんの涙を流させました。この人は、私に話しました。彼は私が一度告白に行ったことのあるベネディクト会の修道士でした。そして彼は私に聖体を受けることを命じていました。そしてこれに対する報いとして、神は、私が行い、苦しむことのできること全てを、三カ月間、彼が私に求めるなら、彼の苦しみを援助するため、私に差し向けることを許されました。この彼に約束されたことは、——私の長上の許可を願って後、——彼は、彼の苦しみの理由が、自分の評判に大きく執着して、神の光栄を二の次に選んだことであったといいました。第二に、彼の同僚の修道者に対する愛徳の不足。そして、第三に、彼が人々に対しもっていたあまりにも自然的な感情、そして彼が、人々に霊的な会話において与えた多くの判断。これらは、非常に、神の気に入られなかったことでした。

けれども、私がこの三ヵ月の間に耐え忍ばなければならなかったことを、いい表すことは難しいでしょう。なぜなら彼は決して私を置き去りにせず、そして彼がいる側にいて、私には彼が全く燃えているように思われました。そしてたえず私は唸《うな》り声をあげ、涙を流したほど激しい苦しみでした。そして私の長上は、この神父に対する同情で動かされて、私に激しい償い、特に苦行の償いを命じました。なぜなら愛徳によって私を苦しめるこの体の痛みと苦しみは、多くの他の人々を救い、愛の聖性は、それがこれらの憐れな人を苦しめることの小さなサンプルとして、私に刻印されました。

そして三ヵ月の終わりに、私は、この修道士を非常に異なった姿で見ました。なぜなら彼は喜びと栄光に包まれていて、永遠の幸福を受けに行くところでした。彼は私に感謝し、神のみ前に私を擁護するでしょうといいました。けれども、私はその時病気でしたが、私の苦しみが彼のビジョンの終わるとともに止まり、私はすぐに回復しました。

99　非難によって脅かされたある人の霊魂

それから、私の至高の主は、私に次のようなことを知らされました。主は、その人たちのため私が苦しむことを望んだある霊魂たちを見捨てようとされたとき、主は堕落している霊魂の状態を私に持ち込まれ、私に死の間際に、この霊魂が自分を見いだす絶望を感じさせました。そして、私は決してこれより恐ろしいことは感じたことがありませんし、それを説明できる言葉もありませんでした。それは、私が一人で働いていたある時、主は当時生きていた一人の修道女を私の前に置かれましたから。そしてだれかが私に、はっきりといいました。

「さあ、この名前だけの修道女を見てください。私は私の心から彼女を吐き出し、彼女自身の自由に任せようとしています」

同時に、私は非常に大きい恐れに襲われたのを感じましたので、私は地にひれ伏し、私はそこで長い間、帰ることができないままでいました。私は、主がこの霊魂を見捨てられないように、主が満足されることすべてを苦しむために、同時に聖なる正義そのものであるお方に、私をお捧げしました。さらに、そのとき主の正義の怒りが私に対して向かわれるかのように思われました。私は恐ろしい悲惨と荒廃の気分で満たされましたが、なぜなら、私の肩を押しつぶす重い物を感じましたから。もし私が目を上げようと思ったなら、私に対して苛だっておられる、そして職杖《つえ》と鞭《むち》を構えられ、私に襲いかかる準備ができておられる神を見ました。また、他方、私を呑み込むために、開いている地獄を見るようにも思えました。

私の霊魂の中のすべてが、反乱と混乱の状態に現われました。私の敵は猛烈な誘惑で、特に絶望によって、すべての面から私を包囲しました。私は、私を追いかけられる主から、そして私が隠れることのできない主の眼力から逃げました。なぜならば、このために私が受けなかったような種類の苦しみはなかったからです。

私は、自分の心の苦しみが人々に知られていたと思って、恐ろしい混乱で悩んでいました。私は祈ることさえできず、私の涙によってでなければ、私の苦しみを表現することもできませんでした。ただ私は、こういうだけでした。

「ああ、生ける神のみ手に落ちることは、何と恐ろしいことでしょう」

そしてその後、地に顔を伏せ、いいました。

「私の神よ。叩《たた》いてください。切り取って下さい。燃やし、使い尽くしてくださ い。あなたのお気に召さぬ全てを。あなたが永遠にこの霊魂を救ってくださりさえするなら、私の体も、私の命も、私の肉体も、私の血も惜しまれることがありませんように」

100 罪咎《とが》のため神の御怒りに対する献物

そして私は、もし主のご慈愛が主の正義の厳正さのもとで私を支えられなかったなら、長い間、これほど苦しい状態を持ちこたえることはできなかったことを告白します。また私は、病気になって、回復に苦しんだことも告白いたします。

主は、このような苦しい状態をしばしば私に担わせました。けれどもこの状態の間、一度ある霊魂たちに実行することを望まれた懲罰を見せられましたが、私は主の聖なるみ足のもとに身を投げました。そして主にいいました。

「ああ、私の救い主よ、このすべてのお怒りの荷をむしろ、私の上に降ろされますように。これほどあなたに価値ある霊魂たちを失うよりも、私を生命の書から抹消してください」

そして主は私に答えられた。

「しかしこの霊魂たちは、あなたを愛していないし、あなたを苦しめることを止めないでしょう」

「私の神よ、それは大事なことではありません。けれども、この人たちがあなたを愛しさえすれば、あなたがこの人たちを許してくださるよう祈ることを止めたくありません」

「わたしに任せるように。わたしは、これ以上、この人たちを我慢することはできません」

それで、主のみ足をもっと強く抱いて、いいました。

「いいえ、私の主よ、あの人たちを、あなたがお許しにならないうちは、放しません」

そこで主は、私にいわれました。

「もしあなたがこの人たちの責任をもつなら、良く計らいましょう」

「そういたします。私の神よ。でも私は、あなたの聖心の宝である特別な財産をもってしか、支払えません」

こうして主は、満足されました。

101　熾天使《セラフィム》たちの「聖なる共同体」のコンサート

ところで他の時ですが、シスターたちが共同で麻紡《あさつむ》ぎの仕事をしていたとき、私は小さい中庭の、ご聖体の近くに引き下がりました。そこで、私の仕事を膝まづいてしていたのですが、始めに、私は内面的にも外面的にも完全に潜心を感じ、そして同時に、私の崇《あが》めるイエスの愛すべきみ心が、太陽よりもっと輝いてお現れになりました。

聖心は、その純粋な愛の炎の中心にあって、素晴らしい合唱で歌っている熾天使《セラフィム》によって取り囲まれていました。

愛は勝利し、愛は喜びを享受され、
聖なるみ心の愛は、喜びを深められる

そしてこれらの至福の霊たちは、私にこの神のみ心を称賛することにおいて彼らと一緒になるよう招いてくださいましたが、私は敢えてそうすることは、出来ませんでした。けれども、彼らは、私を嗜《たしな》め、主に、愛、礼拝、崇敬の絶えざる賛美を捧げるため、私と共同体で結ばれようとして、彼らは来たのであるといいました。またそのために、私が途切れることなく、彼らの取り次ぎによって、主に愛をお捧げすることができるように、ご聖体の前に私の場所を確保し、そして彼らは同様、私の愛に参加すると。それは、私が彼らの位格《ペルソナ》において喜びを味わうように、また私の人格《ペルソナ》において苦しむのであるといいました。

そして同時に彼らは、この聖心の中に、金の文字で、そして愛の消えない記号でこの共同体の名を書きました。そしてそれが続いた約二、三時間後から、私はその字の効果を、私がそれによって受けた救助によって、私の生涯を通じて再三感じましたが、またそれは悲嘆の底に沈んでいるのに、それが私の中に作った甘美さによっても感じました。その後、私が、彼らに願う時、もはや彼らの名前を呼ばず、私の聖なる共同体を呼びました。

この恩恵は、私に意向の純潔への強い渇望を与え、また神と会話をするためにもつべき心構えについて、非常に高い理念が与えられましたが、あらゆることは、この基準に比して不純に見えたほどでした。

102　臨終の人のために得られた秘蹟の恩恵

他の時、私たちのシスターの一人が(47)、嗜眠《しみん》性の眠りにあり、彼女に最後の秘跡を与えることについての望みがないときでした。共同体、特に私たちの修道院長(48)は深い悲しみで満たされました。院長は、この望みのため、私たちの主のお気にいられることすべてを、私にお知らせくださるよう約束をするようにと命じました。

けれども、私がこの従順の命令をまだ果たさないうちに、この私の霊魂の至高の主は、私に、私たちが当然このシスターのために望んだ恩恵を、彼女が受けないで、死なないであろうと約束されました。ただし、私は、主が、絶対的に望まれる三つのものを約束しました。第一のことは、修道院の中の仕事を決して拒否しないこと、第二は、面会室に行くことを拒否しないこと、第三は、書くことを拒否しないこと。

このご要求に対し、わたしの感じた大きな嫌悪と拒絶反応で、私の全存在が震え上がりました。そして答えました。

「ああ、私の主よ。あなたは、よく私の弱点をつかれます。けれども、お許しをお願いいたします」

このお許しを、私の院長は、早速、私が彼女に見せることのできるような苦行として私に与えました。そして、主は、私がもはや気変わりできないよう、誓いの形で約束させられました。けれども、ああ、どれほど不忠実に、私はそれを行ったことでしょう。それは、主が、今回のためには、私の感じるこのような苦業を敢《あ》えて与えるようなことを、なさらなかったことからも明らかです。これは、私の全生涯続きました。それでも、あのシスターは、秘蹟を受けました。

＊47註　このシスターは、「小さな衣服」の特例の未成年者で、アントワネット・ロザリー・ド・セヌセという名であった。彼女は七歳で貞潔の誓願を立て、条件付きで、修道三誓願を立てた後、死去は、一六八四年四月二十六日の満十三歳であった。

＊48註　メール・グレフィエ

103　彼女の心臓の上に書かれたイエスの聖なる御名

けれども、これほど大きな恩恵の間の、私の不忠実のほどを示すために、私は次のことをお話しします。ある時、黙想会に行く大きな熱意を感じており、そして数日前に自分の心を準備するため、私は、二回目に、私の心臓の上のところに、イエスの聖なるみ名を彫ることを望みました(49)。けれども、私は傷を残すような方法でしました。静寂にはいらなければならない黙想会の前夜に、それをした私は、上長に話しましたが、彼女は、それが悪化するのを心配して、何かの薬を貼けるようにいいました。私は、私たちの主に不平をいいました。

「ああ、私の唯一の愛よ、あなたは、他人が、あなたへの愛のために私自身につけた傷を見るのを許されるのでしょうか？　私のすべての病苦の最高の治療であるあなたは、それを治されるのに十分力がおありになるではありませんか？」

とうとう、これを人に知らせることで私が感じた苦痛に触れて、主は私に明日治ると約束されました。それは、主の約束された通り治りました。それから、院長さまに会うことができなかったので、話すことができませんでしたが、彼女は、私に小さなメモを送り、このメモをもってきたシスターに手当てを受けるようにといっていました(50)。

けれども、私はそれがすでに治っていたので、私がこのために院長さまに話をするまでは、私はこの服従命令を実行することから免れていると思っていました。私がそのことと、まだ彼女のメモに書かれたことをしていなかったといったとき、私の神よ。どれほど厳しく、彼女の命令であれ、主のご命令であれ、その従順の遅れを取り扱われたことでしょうか。主は、私を、その聖なる脚下に追放してしまわれ、そこで、私は絶えず償いをもって不従順を詫びながら、約五日の間、自分の不従順に涙させせられるだけでした。

また私の長上に関して、彼女はこの場合、主が彼女にインスピレーションをされた通り、容赦なくわたしを処分しました。なぜなら、彼女は私から聖体拝領をやめさせましたが、これは、私が生涯に耐えることのできる最も荒々しい苦しみでした。それより私は千回も死刑を宣告された方がましでした。さらに、彼女は、私がこの姉妹に治った傷を診せさせましたが、彼女は、別に見たくもなかったのです。けれども、私はそれで大きい混乱を受け続けました。

そして私にとって、このすべては何もありませんでした。なぜなら、至高の主のお気に入られなかったと感じた苦悩のため、私が耐えようと望まなかったどんな苦しみもありません。主は、修道女の霊魂の場合、従順のごくわずかの不足さえも、どれほどご不快であられるかを解らせられて後、私に苦痛を感じさせられて、主は、黙想会の最終日に、ご自身で涙を拭ってくださり、私の魂を生き返らせにこられました。

けれども、主が気遣ってくださる、こういった何かの優しさとか親しさのために、私の苦しみは終わりませんでした。私が主をご不快におさせしたという考えは、涙を流させるのに十分でした。なぜなら主は、修道女の霊魂の中での従順のあり方を、これほどよく理解させてくださったので、私は、その時まで従順を何も知っていなかったと告白いたします。ところで、この話は大分長くなりすぎたようです。

主は、私に過失の罰として、その彫刻がそれほど高くついた聖なる御名だけではなく、――イエスの聖なる御名を名に取ることを認めておられた記憶があるのですが、――この彫刻はもう現れないといわれました。普通とは異なった方法で、今まで顕著《けんちょ》であるように見えていた以前のものは、もはや見えません。そして私は、孤独の悲しみを作ってしまったということができます。

＊49註　一六七九年秋
＊50註　シスター・マリー・マドレーヌ・デ・ゼスキュール

104　試練は、彼女を導く「よき霊」から与えられる

私の疾病は、病気でなかったときが四日間と続かなかったほど、次々とやってきました。そしてある時は、長上が私とほとんど話をすることができなかったほど度々でしたので、その朝(51)、院長さまは、私のところに見に来られ、私にその中に書かれたことをすることと言って、私にメモを与えました。そのメモは、彼女が、私に起きたことは、すべて神の霊からであったかどうか確認する必要があるということでした。そして、もしそんなこと——神の霊であれば、主は、私に五ヶ月の間、完全な健康を保たせ、その間にどんな治療も必要としないだろう

ともいいました。しかしながら、もし反対に、それが悪霊から、あるいは自分の本性からであれば、私は相変わらず同じ状態に留まるでしょうがとも。どれぐらい、このメモが私を苦しませたかは言い得ません。そして、その中に書かれていたことは、私がそれを読む前に、内容を私に知らされたものでした。

それで、長上たちは私を次のように言って、病室から出しましたが、それは、私たちの主が長上たちに、人間本性に逆らって、もっと鋭敏で、屈辱的にするようインスピレーションを与えられていたからでした。そこで私は、よくその中身を知っておられた私の至高の主に、このメモを提出しました。そして主は私に答えられました。

「私の娘よ。私は、あなたを導く善き霊の試みのため、院長が私に求めた健康の年月に同意するでしょう。また彼女が要求したいと思っているその他の確約もすべて行うであろうことを約束します」

それから、ご聖体の奉挙のとき直ちに、私は――非常に敏感に――私のすべての疾病が、私から衣服を脱がすように取り除かれたのを感じました。そして病は衣服のように、吊されたままとなるでしょう。そして私は、長い間病気でなかった非常にたくましい人のような力と健康を受けました。それから、私は、こうして長上の望んだ時を過ごしましたが(52)、その後、前の仕事に戻りました。

＊51註　一六八二年十二月二一日

＊52註　これは、一六八三年十二月二一日まで。五ヶ月の後、実際、メール・グレフィエは、「この最初の従順が終わる年まで」、完全な健康が続くよう神に願うことを命令した。

105　孤独のなかで、熱にもかかわらず。治癒

そしてあるとき、私が発熱していたとき、長上は、私を独りにするために病室から出させました(53)。なぜなら、それは私の順番であったからで、私にいいました。

「行きなさい。私は、あなたを私たちの主イエス・キリストのご保護にお委ねします。主があなたをみ旨に従って、導かれ、支配され、治されるように」

ところがそうはいっても、これは、私を少し驚かせました。なぜなら、私が熱で震えていたその時だったので、私が善き主のご保護に全く委ねられたのを見るため、主の愛のため苦しむ機会をもつため、この従順を行うために喜んで行きました。

そして主が、苦しみの内にか、あるいは喜びの内にか、私に黙想会を過ごさせる方法に、私は不偏の心でした。私は心の中にいいました。

「すべてが、よくいっています。主がご満足され、そして私が主をお愛ししているなら、それで私は十分です」

けれども、私は、主がご自身で私にお現れになるより早くは、独りで、主に心を閉ざしてしまうことはしませんでした。私は、苦痛と寒さに凍えて、地上にうつぶせに横たわっていました。そこから主は、私を千回も愛撫されながら、起こされました。主は、私にいわれます。

「ついにあなたは全く私のものです。そして全く私の保護下にあります。これは、私が、私の手の中であなたを病気にした者たちに、健康なあなたを戻したいからです」

そして主は、私が病気であったとは思われないほど完全に、私に健康を再び与えられました。これには、皆が強く驚きました。そして長上は、特に、何が起こったかを知っていました。

＊53註　一六八一年秋

106　この黙想会での苦悩より多い喜び

けれども、私は、このような喜びと悦楽の間に決して独りにはなりませんでした。それに私の主イエス・キリスト、最も聖なる御母、私の守護の天使と福者である父サレジオのフランシスコから、たえず親切、愛撫、親密さを受けたお陰で

(54)、楽園にいる思いでした。けれども、私は、ここで私の受けた特別な恩恵の詳細を、長くなりますので詳細に記しません。ただ、私の愛する主である指導者は、私の心臓の上の聖なる愛の御名の消えた跡の痛みについて私を慰めるため、――これほどの苦痛でもって彫られた後――主がご自身でそれを心に刻まれ、また外面にも神璽とビュラン体文字で、主の純粋の愛に燃えるような御名を記したいと思われました。それに、私の行った別の方法は、苦痛と苦労を引き起したのですが、これは、千倍もの大きな喜びと慰めの方法でした。

けれども、まだ私には十字架だけが欠けていました。これなしには、私は生きることも、天国的であれ、神的であれ、楽しみを味わうこともできませんでした――なぜならば、私のすべての喜楽は、苦しみのイエスと同じものになるのを見ることでしかなかったのですから――

それで、私は、長上が私に許した自由よりも、あらゆる厳しさで私の体を扱うことだけを考えました。それに実際、私は、償うためにも、生活し、寝るためにも、そのことを良く体験をしました。自分のため割れた土器の壺でベッドを作り、その中で私は、特別な喜びをもって寝ていました。私の本性は、これに恐れて、震えましたが。けれども、震えても無駄でした。なぜなら私はそれに考慮などしませんでした。

ところで、私は、その厳しさのため私を惹きつけた、ある償いの行をしたいと思ったことがありました。私がそれによって、私たちの主が至聖なる聖体に対しお受けになった数々の侮辱を、私が引き受けて復讐《ふくしゅう》できるものと考え――これほど惨めな罪人の私によって、侮辱を与えるすべての者に対抗して――けれども、私の至高の主は、私が計画を実行しようと思ったとき、主は、それ以上進めることを禁止されました。主は、私の院長さまに私の健康を取り戻させることを望まれ、その院長さまは、それを私に任せており、主のご保護に委ねていると私にいわれました。そして主は、私が主のために犠牲を実行するよりも、この私の願望を犠牲とする方が、もっと受け入れられるが、また霊的犠牲も望んでいるといわれました。私は、納得《なっとく》し、従いました。＊

＊54註　これは、一七世紀の文章の強調法である。

＊訳註　病、苦行などの身体的犠牲は、この時代までは良く行われたようであるが、こ

こで、主はそれよりも霊の犠牲を望まれると書かれている。

107 主の頭上の茨の冠

ある時、聖体拝領に行くとき、聖なるホスチアが、まぶしくてほとんど耐えることができない太陽のように輝いて、私に現われました。そしてその真中で私たちの主は、茨の冠を被っておられましたが、私がそれを受け取ってしばらくして、主はそれを私の頭上に置かれ、私にいわれました。

「私の娘よ。間もなくあなたが、私と似たものになることによって与えられる徴《しるし》としてこの冠を受け取ってください」

私はその時これらの言葉の意味を理解しませんでしたが、後に続いた結果からまもなく知るようになりました。それは、私が頭に受けた二度の打撃について、それ以来非常に鋭い茨の棘で一面に取り巻かれて、苦しむ頭を持つように思われたのです。その疼痛《とうつう》は、私のいのちの終わりまで続くでしょう――私は、そのひ弱な生《い》け贄《にえ》に、このような素晴らしい恩恵を与えられる私の神に無限の感謝を捧げます。

けれども、ああ、私がしばしば主にお話するように、生《い》け贄《にえ》は、罪なきものでなければなりません。それなのに、私は罪人以外の何者でもありません。それにもかかわらず、私は、この貴重な冠のために、もし主が私に最も偉大な地上の君主の王冠をプレゼントされたとすれば、それよりもっと私の主に負債を負うことを感じるのを告白いたします。そしてそれは、誰もできないことであり、またこの冠は、私をしばしば幸福に目覚めさせざるを得ない、また私の愛のただ一つの目標であるお方と語り合わざるを得ないだけに、一層、善き主に倣《なら》い、枕の上に頭を支え、休めることができませんでした。私の主は、十字架のベッドの上で、愛するものに椅《よ》りかかることも、おできになりませんでしたから。

これは、私が自分自身と主との同じになったことを見たとき、私に想像も及ばない喜びと慰めを感じさせたことでした。そして、この苦しみによって、私の冠も結びついた主の茨の冠のご戴冠の功徳によって、高い地位の人々が、主にこれほどご不快であり、侮辱するものであり、こういう罪人たちの改心と傲慢な頭の人々が謙虚になるよう、主は、主の御父である神に、私が要求するよう望まれたことでした。

108 肩の上の十字架。病気

それと別の時、つまり灰の水曜日の前のおよそ五週間のカーニバルの時期に、主は、私の聖体拝領後に十字架を背負い、切り傷、打ち傷で一面に覆われた「みよ、人を（エッチェ・オモ）」のみ姿でお現れになりました。主の尊き血は、体のあらゆる所から流れ出ていました。主は、苦しみに満ちた痛ましい声でいわれました。

「私を憐れもうとするもの、そして哀れな状態の私の苦しみに同情し、ともに担おうと望む者は、誰もいないのですか？　これは、罪人たちが、特に今現在、私にもたらすものです」

そして私は、涙と呻《うめ》き声で、主の聖なる足下にひれ伏し、主に自分を捧げました。そして鋲の先端の逆立ったこの重い十字架を両肩に担いました。私はその重さに打ち拉《ひし》がれながら、罪の重大さと悪性を最もよく理解し始めました。私は罪を意識的に犯すよりは、地獄に千度も投げ落とされる方が遥かによいほど、強く罪を嫌ったのです。私はいいました。

「ああ忌まわしい罪よ、おまえが、私の至高の善きお方に行った侮辱の故に何と嫌悪すべきものでしょう」

主は、この十字架を運ぶことは十分ではなかったことを私に示されましたが、主が受けられた苦しみ、軽蔑、侮辱、その他のひどい仕打ちに私が与り、主に忠実な仲間であるため、主とともに、十字架に自分自身を繋《つな》ぎ止めなければなりません。

はじめに、私を主のご意向に従って、病気によって十字架に繋ぎ止めさせ、私の中で、私によって行うことを望まれたことすべてのために、私は、自分をお任せしました。病気は、この十字架に逆立った鋲の先端を直ぐに感じさせました。

それは、軽蔑、屈辱、その他の人間本性に反する非常につらいことだけの、同情の代わりに、鋭い苦しみによってでした。けれども、ああ、私が何を苦しむことができるでしょうか。だれが、私の犯罪の大きさに匹敵することができますか。この犯罪は、私の神が、大罪の中にある霊魂の恐ろしい姿で、罪の重大さを私に見せられて以来、私を絶えず混乱の深みに沈めています。そしてだれが、限りなく愛すべき善である方に向かって、とてつもない侮辱をするのでしょうか。

この点は、ほかのすべての苦しみよりも、私を苦しめます。そして私は、自分の犯したすべての罪に対するすべての負債に苦しみ始めることを心から願いたいのです。予防的に役立てるため、そして犯してしまったものの悲惨さより、むしろ、罪を犯すことを妨げるためです。私は保証されたにもかかわらず、その上私の神は、その無限の慈愛によって、これらの罰に私を引き渡されることなく、私をこの罪から許されましたのに。

109　カーニバルの時の主の御苦しみ

わたしが、上述のこれらの償いのための配備は、通常カーニバルの時期、灰の水曜日まで続けられます。その時、私は、それ以上苦しみを増加されず、慰めもない最低の極端な状態にまで追いやられたように思われました。それから突然、私は、四旬節の断食に十分な体力があることを知りました。ときどき、私がこれほどの苦しみで打ち拉がれて、実行を始めることが、しばしば、私が終わりまで生きていけないと思われたほどですけれども、私の至高の主は、常に心よく私に終わることができるようにされました。それから、そのことについて、私は、同じ償いの別の件を始めました。私はいいました。

「ああ、私の神よ。私に終わりまで行くことができる恩恵をお与えください」

私は、至高の主に感謝を帰します。それは、主が苦しみの重荷のある時間に時を打たれるため、私の苦しみの大時計によって私の時を計られました。

*訳註　苦しみの車（重荷）は、車の刑に使う物。

110　イエス、彼女が苦しみを望んだとき優しさで満たされる

そして、主が私にいくつかの新しい十字架を、報いとして与えることを望まれたとき、主がそれほど大きい霊的な愛撫と楽しみの豊かさによって、整えられたので、そのため、もしその豊かさが継続していたなら、私はそれらを保っていることが不可能であったでしょう。それでこのとき私はいいました。

「ああ、私の唯一の愛よ。私はこれらすべての楽しみをあなたに犠牲として捧げます。私よりもっと、あなたに栄光を与える聖なる霊魂たちのためにそれらを保持されますよう。私は十字架の上の全く裸のあなた以外何も望みません。そこで私は、あなたご自身の愛のためにだけ、あなたを愛することを望みます。それゆえ、私が、興味《きょうみ》も楽しみの欠片《かけら》もなしに、主をお愛しするため、私からすべてをお取りください」

そしてその時、主は、賢明な、経験豊かな指導者のように、私の願望に反対され、私が苦しむことを望んだ時、楽をさせられたことは、しばしばでした。けれども私は、喜びも苦しみも、主から由来し、そして主が私になされたすべての善

きことは、主の純粋の慈愛によってでありましたことを告白します。なぜなら、私を除いて、他の方々は、主に対し、私の不忠実によっても、また私が騙《だま》されてしまった大きな恐怖によっても、決して私ほど抵抗をしませんでした。そして主が私のこれほどの抵抗のため、私を無くしてしまわれず、無の淵に沈められなかったので、百倍も驚いております。

111　彼女が主に喜ばれないとき、神の現存は恐るべきもの

けれども、私のいくつかの欠点がいかに大きかったとしても、私の霊魂の唯一の善きお方は、そのお約束のとおり、決して私からその神性の現存を奪われません。けれども、主は、私が何かのことで、お気に入られないとき、非常に恐ろしく、私にとってこれ以上にがい苦しみは、なにもないほどで、また私が、この神性の現存に耐え、神の聖性のみ前に現れるよりは、いくらかの罪があっても、千回も私自身を生贄として捧げる方が、いいほどです。

それで私は、このような時に隠れることを熱望しました。そして、もしできる

ことなら、遠ざかりたいと願いましたが、力を傾けても無駄でした。私が逃げたところで、どこででも、私が煉獄にいると思われるような身の毛のよだつ苦痛を伴って存在しておられ、したがって、私の中のすべてがどんな慰めもなく、あるいは、それを求める願望もないのに苦しみました。次のことは、私の苦痛に満ちた痛恨《つうこん》の中で、時々いったことです。

「おお、生ける神のみ手に落ちることとは、なんと恐ろしいことでしょうか」

これが、私自身を罰するのに、十分迅速で、忠実ではなかった時、主が私の欠点を浄化された方法でした。そして決して、私はこの種の苦痛に先立った主の慈愛からのどんな特別の恩恵も受けませんでした。そしてこの恩恵を受けた後では、屈辱と恥かしさの中に投げ込まれ、沈められていたのを感じていましたが、そこでは、到底《とうてい》表現できないほど苦しみました。にもかかわらず、私は常に変わらぬ平和にあって、何ものも私の心の平和を乱すことができるものは無いように思われました。それでも、熱情によって、あるいは、このため全力を尽くした私の敵によって、自分の下級の部分は、しばしば煽動《せんどう》されましたけれども。この敵が強力であっても、騒がしさや不安の中にある霊魂のようには敵が得るところは、何もありませんでした。

証明　一七一五年六月二三日(56)

署名　シスター・アンヌ・エリザベト・ド・ラ・ガルド

公証　一七一五年六月二三日

署名　ドム　ド・バンジエール　警察官

シャロン　書記

オーツム大司教総代理、司教座書記官は、この伝記を長上の命令のもとに書かれた、福者マルガリタ・マリア・アラコクの自筆のものとして認める。福者は、六十五ページにまとめている。

これに基づき、

一八六五年二月二六日、パレにて
署名　G・ブファンジュ　大司教座書記官
大司教総代理

当時のオーツム大司教ド・マルグリの印璽

《鳥舞　峻（とりまい・たかし）》
本名　的埜卓。昭和4年生まれ。
昭和28年大阪大学理学部。上智大学文学部等卒。
現在（1998年）、高松市近郊で翻訳等を行う。

聖マルガリタ・マリア自叙伝
鳥舞　峻＝訳

1998年3月19日　第1刷発行
2022年8月15日　第4刷発行

発 行 者●谷 崎 新 一 郎
発 行 所●聖母の騎士社
〒850-0012 長崎市本河内2-2-1
TEL.095-824-2080／FAX.095-823-5340
e-mail: info@seibonokishi-sha.or.jp
http://www.seibonokishi-sha.or.jp/
デザイン●山 下 幸 則
校正・組版●聖母の騎士社
印刷・製本●大日本法令印刷株式会社
Printed in Japan
落丁本・乱丁本は小社あてにお送りください。送料は小社負担にてお取り替えします。
ISBN978-4-88216-166-0 C0195

聖母文庫

小崎登明

長崎オラショの旅

キリスト教ゆかりの地・長崎を様々な角度から案内する、イラスト付き巡礼の書。

価格５００円(税別)

小崎登明

ドキュメント・キリスト信者

カトリックの信仰に生きる人たちを探して、修道士の著者が歩いてまとめた現代カトリック信者のドキュメント。感動の20話を収録。

価格５００円(税別)

小崎登明

西九州キリシタンの旅

平戸、天草、島原、五島列島のキリシタン・ロードをめぐる旅のガイドブック。イラストマップ付き。

価格６００円(税別)

小崎登明

身代わりの愛

第2次世界大戦のさなか、アウシュビッツ収容所で身代わりの死刑を受けたコルベ神父を、ポーランド人の証言で浮き彫りにする。

価格５００円(税別)

小崎登明

十七歳の夏

長崎で原爆にあった17歳の夏が、著者の生涯を決める原点となった。修道生活の日々を告白した自分史。

価格５００円(税別)

聖母文庫

小崎登明
春いつまでも
古希を迎えた修道士がテレビのドキュメント番組に取り上げられた。さまざまな出会いを織り込んだ随想集。

価格500円(税別)

小崎登明
信仰の出会い旅
人生は、「出会いの旅」である。カトリック修道士が出会った、忘れがたい人々の信仰と人生を描く。

価格500円(税別)

小崎登明
長崎のコルベ神父
コルベ神父の長崎滞在時代を数々のエピソードで綴る聖母の騎士物語。(初版復刻版)
価格800円(税別)

永井　隆
長崎の花〈上・中・下〉
晩年の永井博士が限りない愛情を込めて綴った長崎風物詩。すべての人に読んでほしい話題作。

価格各500円(税別)

永井　隆
原子野録音
40年前の文章とは思えない新鮮さ。永井博士に今、ふたたび巡り会えるうれしさ。

価格500円(税別)

聖母文庫

水浦久之
神父発見

長崎の潮の香りと土の匂いのするキリシタン小説とエッセイ集。長崎の同人誌やカトリック誌、小教区報などに発表された作品をまとめた一冊。　価格500円(税別)

水浦久之
新・神父発見

長い伝統につちかわれた長崎の教会をめぐる話題を追って。地元文芸誌に発表したエッセイ集。　価格500円(税別)

水浦久之
漂泊の果て

長崎は、日本で最もキリスト教の色彩を色濃く残している土地だ。この地ならではの題材を料理した小説とエッセイ集。芥川賞作家も書けない信仰物語。　価格600円(税別)

水浦久之
金鍔次兵衛物語

徳川幕府のキリシタン弾圧の時代、マカオに追放され、フィリピンで司祭に叙階され、武士に変装して長崎に潜入した金鍔神父の数奇に満ちた人生を描く。　価格500円(税別)

水浦久之
愛の騎士道

長崎で上演されたコルベ神父物語をはじめ、大浦天主堂での奇跡的出会いを描いたシナリオが甦る。在世フランシスコ会の機関誌に寄せたエッセイも収録。　価格600円(税別)

聖　母　文　庫

場﨑　洋
キリスト教小噺・ジョーク集

宣教師達のジョーク、日本生まれの笑い話や小噺を掲載……日常の会話にジョークやユーモアを通しながら楽しいコミュニケーションを培って下されば幸いです。　価格600円（税別）

場﨑　洋
イエスのたとえ話
私たちへの問いかけ

一枚の絵の中にたとえを凝縮しました。さらに歴史的事例や人物等を取り上げながら、現代社会へ問い掛けているイエスのメッセージに耳を傾けたいと思います。　価格800円（税別）

ハビエル・ガラルダ
こころのティースプーン（上）
ガラルダ神父の教話集

東京・雙葉学園の保護者に向けてガラルダ神父がされた講話をまとめました。心の底に沈んでいる「よいもの」をかき回して、生き方に溢れ出しましょう。　価格600円（税別）

ハビエル・ガラルダ
こころのティースプーン（下）
ガラルダ神父の教話集

イエズス会司祭ガラルダ神父が雙葉学園の保護者に向けて語られた講演録第二弾。心の底に沈んでいる「よいもの」をかき回して、喜びに満ちた生活へ。　価格500円（税別）

ハビエル・ガラルダ
こころのティースプーン　もうひとさじ
ガラルダ神父の教話集

試練を通して神が人間に悟らせたい真実があります。それは、共に平等に悩んでいる皆が、共に平等に助け合って生きるべきだという真実です。　価格1000円（税別）

聖母文庫

水浦征男
教皇訪日物語

前教皇 故ヨハネパウロⅡ世が訪日された当時、カトリック中央協議会で広報に携わった神父が、この「教皇訪日」を振り返る。
価格500円(税別)

水浦征男
この人

月刊「聖母の騎士」に掲載されたコラム(「スポット・ライト」、「この人」)より1970年代から1980年代にかけて掲載された人物を紹介する。

価格800円(税別)

水浦征男
教皇ヨハネ・パウロ物語
「聖母の騎士」誌22記事再録

教皇ヨハネ・パウロ一世は、あっという間に姿を消されたため、その印象は一般にあまり残っていない。わずかな思い出を、本書の記事で辿っていただければ幸いである。

価格500円(税別)

水浦征男
教会だより
カトリック仁川教会報に綴った8年間

ここに収めた「教会だより」は兵庫県西宮市のカトリック仁川教会報「タウ」の巻頭に2009年4月から2017年3月まで掲載されたエッセイです。

価格600円(税別)

﨑濵宏美
風花の丘(かざばなのおか)

春が訪れ夏が近づく頃まで、十字架の上でさらされた26人でありましたが、彼らの魂は……白く光る雪よりさらに美しく輝いて天の故郷へ帰っていったのであります。

価格500円(税別)

聖母文庫

ヨハネス・ラウレス＝著　溝部脩＝監修　やなぎやけいこ＝現代語訳

日本初期キリスト教史

高山右近の生涯

溝部脩司教様が30余年かけて完成させた右近の列聖申請書。この底本となった「高山右近の生涯―日本初期キリスト教史―」を現代語訳版で発刊。価格1000円（税別）

アントニオ・リッチャルディ＝著　西山達也＝訳

聖者マキシミリアノ・コルベ

聖コルベの生と死、信仰と愛、思想と活動の全貌を、列福調査資料を駆使して克明にまとめ上げた必読の書。価格1000円（税別）

福田八郎

信仰の耕作地

有馬キリシタン王国記

世界文化遺産『長崎と天草地方の潜伏キリシタン関連遺産』の構成資産である「原城」「日野江城」跡の残る島原半島・有馬の地は、セミナリオヨが置かれた地であり殉教の地である。価格1000円（税別）

ミゲル・スアレス

キリスト者であることの喜び

現代教会についての識別と証しの書

第二バチカン公会議に従って刷新された教会からもたらされる喜びに出会いましょう。価格800円（税別）

レジーヌ・ペルヌー＝著　門脇輝夫＝訳

現代に響く声

ビンゲンのヒルデガルト

12世紀の預言者修道女

音楽、医学他多様な才能に恵まれたヒルデガルト。本書は、読者が著者と同じく彼女に惹かれ、親しみを持てるような研究に取り組むものである。価格800円（税別）

聖母文庫

ペトロ・ネメシェギ
愛といのち
キリスト教信仰案内講座①

カトリックの教えをわかりやすく説きあかした本。信仰を見つめなおし、福音をのべ伝えるために役立ちます。

価格500円(税別)

ペトロ・ネメシェギ
愛と恵み
キリスト教信仰案内講座②

世界に知られる神学者が日本語でやさしく書き下ろしたキリストの教え入門。

価格500円(税別)

ペトロ・ネメシェギ
愛と平和
キリスト教信仰案内講座③

「キリストの平和」、「天地の創造主」、「世界創造の意味」、「三位一体の神」、「結婚」、「親と子」など15編を収録。

価格500円(税別)

ペトロ・ネメシェギ
神の言葉と秘跡
キリスト教信仰案内講座④

神の言葉と呼ばれる『聖書』とはどんな書物なのか。カトリック教会の『秘跡』とは何か。かみ砕いて説明。

価格500円(税別)

ペトロ・ネメシェギ
愛とゆるし
キリスト教信仰案内講座⑤

罪をゆるしていただいた人は、感謝をもって神に従いたい、という気持ちになります。

価格500円(税別)

聖　母　文　庫

ペトロ・ネメシェギ
愛と永遠
キリスト教信仰案内講座⑥

東京・四谷のイグナチオ教会でネメシェギ神父が開いていた「キリスト教案内講座」最終編。死後の世界、エキュメニカル運動などについて説く。

価格500円(税別)

ペトロ・ネメシェギ
イエスと…

イエスとさまざまな「人」や「もの」との関係を発見し、私たちの救い主イエスをもっとよく知りましょう。

価格500円(税別)

田端美恵子
母であるわたしがここに居るではありませんか

様々な思い出に彩られて歩んできた現世の旅路は、すべて恵みであり感謝に変わっています。…八十路を超えた著者が綴る、愛に生きることの幸せを噛み締めるエッセイ。

価格500円(税別)

田端美恵子
秋田の聖母と知られざる殉教の歴史

聖母はなぜこの人里離れた秋田を選ばれたのか……悲しみの聖母が秋田の地を選ばれた御心中には、誰も気付かない深い理由があるのではないだろうか?。

価格500円(税別)

木鎌耕一郎
津軽のマリア川村郁

1950年代、青森県津軽地方、八甲田山麓の開拓地で、教育から見放された子どもたちに生涯をささげた若い女性がいた。これはもう一人の「蟻の町のマリア」、川村郁の物語である。

価格500円(税別)

聖母文庫

木村　晟
帰天していよいよ光彩を放つ勇者のスピリット
平和の使者W・メレル・ヴォーリズの信仰と生涯

信仰に基づく「勇者」であるか否かを決する尺度は、その人の死後の評価に表れると、私は思っている。(「プロローグ」より)
価格800円(税別)

木村　晟
すべては主の御手に委ねて
ヴォーリズと満喜子の信仰と自由

キリスト者達は皆、真理を実践して真の自由を手にしている。近江兄弟社学園の創設者ヴォーリズと妻満喜子も、平和を愛する信仰の勇者なのであった。

価格1000円(税別)

木村　晟
神への讃歌
ヴォーリズと満喜子の祈りと実践の記

W・メレル・ヴォーリズが紡いだ讃歌の言葉から浮かび上がる篤い信仰を見つめながら、宣教・教育活動を振りかえる。

価格800円(税別)

佐藤正明・根岸美智子＝共編共著
あの笑顔が甦った
シエラレオネ支援で起きた愛の奇跡

西アフリカの小国シエラレオネの子どもたちの教育に取り組む日本人シスターと、支援するサポーターの心あたたまる物語。

価格1000円(税別)

小坂井　澄
お告げのマリア
長崎・女部屋の修道女たち

長崎県各地に点在する、カトリック女子修道会「女部屋」を訪ね、克明に記録したルポタージュ。日本に根付いた女子修道会の全貌をあますことなく描き出す。

価格800円(税別)

聖母文庫

高橋テレサ＝訳　鈴木宣明＝監修
アビラの聖女テレサ「神の憐れみの人生」（上・下）

16世紀の聖テレサが自叙伝をとおして21世紀の私たちに語りかける。神の愛のうちに生きる喜びと幸せを。

価格800円（税別）

ルイス・カンガス
イエス伝
イエスよ、あなたはだれですか

男も女も彼のために、全てをささげ命さえ捧げました。この不思議なイエス・キリストとはどのような方でしょうか。

価格1000円（税別）

森本　繁
南蛮キリシタン女医 明石レジーナ

江戸時代初期に南蛮医学に情熱を燃やし、外科治療に献身した女性が存在した。実証歴史作家が描くレジーナ明石亜矢の物語。

価格800円（税別）

ジョン・A・シュグ＝著　甲斐睦興＝訳　木鎌安雄＝監訳
ピオ神父の生涯

2002年に聖人の位にあげられたカプチン会司祭ピオ神父は、主イエスの傷と同じ五つの聖痕を持っていた。神秘に満ちた生涯を文庫サイズで紹介。

価格800円（税別）

クラウス・リーゼンフーバー
知解を求める信仰
現代キリスト教入門

人間の在り方を問い直すことから出発し、信仰において受け入れた真理を理性によって解明し、より深い自己理解を呼び覚まします。

価格500円（税別）

単行本

愛と喜びと一致
カンガス神父のメッセージA年

イエズス会霊性センターせせらぎ＝編

皆が笑顔で幸せに生きられることを願いつつ、イエズス会のカンガス神父が主日ミサで話された説教を、録音テープから書き起こした一冊。

A5判　価格1600円（税別）

愛と信頼と希望
カンガス神父のメッセージB年

イエズス会霊性センターせせらぎ＝編

み言葉はミサの原動力です。その日の聖書を味わって心を整えてからミサに与る人は、より多くの恵みをいただくことでしょう。

A5判　価格1600円（税別）

愛と生命と平和
カンガス神父のメッセージC年

イエズス会霊性センターせせらぎ＝編

現代日本は信徒が教会の先頭に立ち、信仰の光を受け継いでいく時が迫っています。その時は信徒が集会祭儀を行い、主日のみことばを伝えるでしょう。

A5判　価格1600円（税別）

大浦天主堂物語
脇田安大

主に大浦天主堂創建と信徒発見から150年におよぶ長崎地区の動向をまとめた解説書。豊富な写真と資料をオールカラーで綴る貴重な一冊。

B5判　価格2500円（税別）

世界と肉体とスミス神父
ブルース・マーシャル＝著

プルダン・モンフェット、永井隆＝共訳

スコットランドで改宗に勤しむ一人のカトリック司祭から世の中を見つめる……。昭和22年に主婦の友社から出版された永井博士初の出版本を復刻。

A5判　価格1600円（税別）

絵本	まんが	単行本

わたしの霊魂における 神のいつくしみ

【聖ファウスティナの日記】

ユリアン・ルジツキ・相原富士子＝共訳／庄司篤＝監修

シスター・ファウスティナの仲介によって、ここで公表された神の慈しみの愛の宣言が、地球上に住むすべての人々に届きますように。

A5判上製　価格4800円(税別)

アシジの聖フランシスコ物語

﨑濵宏美＝文／赤尾 誠＝絵

キリストにならって貧しく生き、平和を説いた「聖フランシスコ」。多くの人に愛されてきた聖者の生涯を、美しいイラストと、分りやすい文章で紹介。

A5判　価格1200円(税別)

マザーテレサの子と呼ばれて

工藤朋子＝著／土田將雄・山口雅稔＝監修

マザーテレサを知り、出会えたことが、その後の人生を大きく変えた！マザーとの関わりを軸に半生を振り返り、さまざまなエピソードを綴る。

A5判　価格2300円(税別)

焼けたロザリオ

しおうらしんたろう＝作

原爆を生き抜いた少年の数奇な運命と新たな心の世界。コンベンツアル聖フランシスコ修道会の修道士、小崎登明（本名：田川幸一）の半生を描く。

A5判　価格1200円(税別)

流太くん物語

さきはまひろみ＝文／あかおきよか＝絵

捨てられるはずの流木が園児たちの遊具に生まれ変わった…教育現場で長年働いてきたカトリック司祭が綴る、子どもたちへの温かいメッセージ。

A5判上製　価格1000円(税別)